AKADEMIE DER WISSENSCHAFTEN UND DER LITERATUR

Abhandlungen der
Geistes- und sozialwissenschaftlichen Klasse
Jahrgang 2015 · Nr. 5

Otto Zwierlein

Die antihäretischen Evangelienprologe und die Entstehung des Neuen Testaments

AKADEMIE DER WISSENSCHAFTEN UND DER LITERATUR · MAINZ
FRANZ STEINER VERLAG · STUTTGART

Vorgelegt in der Plenarsitzung am 18. April 2015,
zum Druck genehmigt am selben Tag, ausgegeben am 12. Oktober 2015.

Bibliografische Information der Deutschen Nationalbibliothek

Die Deutsche Nationalbibliothek verzeichnet diese Publikation in der Deutschen Nationalbibliografie; detaillierte bibliografische Daten sind im Internet über <http://dnb.d-nb.de> abrufbar.

ISBN: 978-3-515-11210-9

Druck: Druckerei & Verlag Steinmeier GmbH & Co. KG, Deiningen
Gedruckt auf säurefreiem, chlorfrei gebleichtem Papier
Printed in Germany

Inhalt

Einleitung

Der antihäretische Johannes-Prolog als Ausweis des ältesten Evangeliums der neueren Markionforschung

Die erfreulich lebendige Markion-Forschung hat jüngst auch die sog. Antimarkionitischen Prologe zu den Evangelien des Lukas, Markus und Johannes wieder ins Blickfeld gerückt[1]. Sie spielen eine wichtige Rolle in der Diskussion über die Entstehung des Neuen Testaments. Dabei richtet sich das Interesse vor allem auf den Prolog zum Evangelium nach Johannes, der als das älteste, in die zweite Hälfte des zweiten Jahrhunderts zu datierende Zeugnis des Markion-Evangeliums gilt[2]: Markion tritt dort im Zusammenhang eines indirekten Papias-Zitates selbst als Gegenspieler des Apostels und Evangelisten Johannes auf den Plan.

In der bisherigen Forschung galt in der Regel die seit Irenäus geläufige Auffassung, Markion habe für sein eigenes Evangelium das ihm vorliegende Lukas-Evangelium genutzt, dieses redigiert und vor allem um die Thematik der Menschwerdung Christi gekürzt. Das ‚Neue Testament‘ sei eine Reaktion der ‚katholischen‘ Kirche auf Markion: der gefährlichen Markionitischen Bibel, die aus dem von Markion verfälschten Lukas-Evangelium und zehn verfälschten Paulusbriefen bestand, habe die römische Kirche noch im 2. Jahrhundert eine katholische Edition mit den echten Texten entgegengestellt. Dabei habe sich die Kirche zunächst darauf beschränkt, die vier Evangelien und die Paulusbriefe in echter Gestalt der Markionitischen Bibel entgegenzusetzen, nicht als vollständiges Neues Testament, sondern

---

1   Die hier vorgelegte Studie ist durch M. VINZENT angeregt worden, dem ich für das großzügige Geschenk seiner beiden anschließend (und in der Bibliographie) genannten Bände und für briefliche Diskussionen zu danken habe. Wie bei all meinen patristischen Arbeiten der letzten Jahre habe ich auch diesmal große Hilfe durch R. HÜBNER erfahren dürfen; ihm sei für die kritische Lektüre des Manuskripts, für Korrekturen, Anregungen und vielfältigen Rat von Herzen gedankt. Schließlich gebührt mein Dank der Kommission für Klassische Philologie der Mainzer Akademie, namentlich E. HEITSCH und K. SIER, für die sorgfältige Prüfung des Manuskripts.

2   DE BRUYNE 206 und 210; siehe ferner HARNACK 813 (= 323) und 816 (= 335): „c. 160–c.180“; vgl. zuletzt VINZENT *Auferstehung* 124ff. 140; ders. *Marcion* 14ff. und das soeben erschienene monumentale Werk M. KLINGHARDTs, Das älteste Evangelium und die Entstehung der kanonischen Evangelien, dort 384ff.

als rasche Antwort auf die gefälschte Sammlung[3]. Die neueste Markion-Forschung dagegen meint das Abhängigkeitsverhältnis umkehren zu müssen: Sie hält es für möglich, daß unser heutiges Lukasevangelium eine antimarkionitische Redaktion und Erweiterung des Markion-Evangeliums sei. Ob dieses Markion-Evangelium seinerseits auf einem anonymen ‚(Vor-)*Lukas*‘ gründe oder ob es überhaupt das erste Evangelium sei, darüber gehen die Meinungen auseinander[4]. Das Markion-Evangelium habe auch in den drei weiteren Evangelien seinen Niederschlag gefunden. Auf diese vier ‚Redaktionen‘ seines Evangeliums habe dann Markion mit der Publikation seines ‚Neuen Testamentes‘ reagiert, einer Sammlung seiner *Antithesen*, seines *Evangeliums* und der Briefe des Paulus (ohne die Pastoralbriefe und den Hebräerbrief). Dieser Sammlung habe schließlich der *Lukas*-Redaktor ein alternatives, antimarkionitisches ‚Neues Testament‘ entgegengestellt, das man die „kanonische Redaktion" genannt hat. Sein Bestand war im wesentlichen identisch mit dem uns geläufigen Neuen Testament.

    Über die hier verkürzt skizzierten Thesen zum Entstehungsprozeß des Neuen Testaments[5] soll im folgenden nicht gehandelt werden[6]. Wir beschränken uns auf

---

3   HARNACK (1928) 328f. [= 809f.]; zu vergleichen ist das Schlußkapitel (IV) „Zur Geschichte der Entstehung des Neuen Testaments" (337–341 [= 818–822]); ferner KLINGHARDTs Überblick über das Markionbild der Häresiologen (von Irenäus über Tertullian bis Epiphanius) S. 29–41.

4   Siehe den bereits genannten, druckfrischen KLINGHARDT; dort S. 11ff. auch eine Skizze des Diskurses über „Lk und das marcionitische Evangelium" seit Mitte des 19. Jh.s; s. ferner VINZENT *Marcion* (mit der knappen Zusammenfassung S. 279f.) und das 4. Kapitel („Die Entstehung des Neuen Testaments") in VINZENT *Auferstehung* 119–150 (dort S. 123 mit Anm. 88 auch ein knapper Forschungsüberblick zur gegenwärtigen Neuausrichtung der Diskussion); vgl. HILL 176–178 (reserviert) und (in traditionellen Bahnen) LUKAS (2008) zu Tert. adv. Marc. IV (215–227).

5   Vgl. zuletzt KLINGHARDT 22: 1. „Priorität des marcionitischen Evangeliums vor Lk: Nicht Marcion hat das kanonische Lk-Evangelium redigiert und verkürzt, sondern Lk ist eine redaktionelle Bearbeitung (und zwar im Wesentlichen: eine Erweiterung) des Evangeliums, das von Marcion, aber auch von vielen anderen *benutzt* wurde." 2. „Das marcionitische Evangelium ist ... nicht nur ein vor*lukanischer*, sondern ein vor*kanonischer* Text: Marcions Evangelium lag *allen kanonischen Evangelien* als Quelle vor und wurde von ihnen auf unterschiedliche Weise (und in verschiedener Intensität) benutzt. Das von Marcion rezipierte Evangelium ist folglich die älteste literarisch greifbare Schilderung des Lebens Jesu." Siehe auch die knappe Zusammenfassung S. 383. Kurz danach geht KLINGHARDT auf einige Divergenzen zwischen seinen und VINZENTs Vorstellungen ein (386–388); Kernpunkte sind die von KLINGHARDT vorausgesetzte „Existenz der vorkanonischen Fassungen der Evangelien" (387, vgl. 311) und Vorbehalte gegenüber dem allzu engen Zeitraum eines einzigen Jahrzehnts, in dem die von VINZENT angenommene ansehnliche Reihe von Entwicklungsschritten bis zur abschließenden Publikation der „Kanonischen Ausgabe" hätte Platz finden müssen (388).

6   Die Thematik wird in einem Exkurs am Schluß dieser Abhandlung noch einmal kurz berührt werden.

einen Gegenstand, der in der Forschung traditionell mit der Herausbildung dieses Neuen Testaments verknüpft wird: die „antimarkionitischen" Evangelienprologe, ihre Datierung und ihren historischen Zeugniswert. Erhalten sind uns die lateinischen Prologe zum Lukas-, Markus- und Johannesevangelium; eine griechische Fassung liegt nur für *Lukas* vor. Markion wird namentlich im Prolog zum Johannesevangelium genannt. Daher steht dieser Joh-Prolog im Vordergrund der patristischen Diskussion über die Entstehung der Evangelien. Als Text wird auch heute noch üblicherweise die (ggf. leicht veränderte) Fassung zugrunde gelegt, die Kardinal J. M. THOMASIUS 1688 aus der Handschrift Vat. Reg. Lat. 14 (R, s. IX) übernommen hatte[7]:

> *Evangelium I o h a n n i s manifestatum et datum est ecclesiis a b I o h a n n e*
> *adhuc in corpore constituto; sicut Papias nomine, Hierapolitanus, discipulus I o -*
> *h a n n i s carus, in exotericis, id est in extremis quinque libris retulit; descripsit*
> *v e r o evangelium dictante I o h a n n e recte. V e r u m Marcion hereticus, cum*
> *ab eo fuisset improbatus eo quod contraria sentiebat, abiectus est a b I o h a n n e.*
> *Is v e r o scripta vel epistolas ad eum pertulerat a fratribus qui in Ponto fuerunt.*

„Das Evangelium des Johannes wurde von Johannes noch zu seinen Lebzeiten bekannt gemacht und den Gemeinden übergeben[8], wie ein Hierapolitaner namens Papias, ein vertrauter Schüler des Johannes, in den ‚äußerlichen', d.h. in den letzten, fünf Büchern berichtete[9]. Er schrieb aber das Evangelium nach dem Diktat des Johannes richtig nieder. Doch der Häretiker Markion wurde, nachdem er von ihm wegen seiner gegensätzlichen Meinungen geschmäht worden war, von Johannes verworfen. Dieser aber hatte ihm Schriften oder Briefe von den Brüdern überbracht, die in Pontus waren."

---

7   THOMASIUS p. 344; vgl. die Wiedergaben in ABERLE 7f., WORDSWORTH–WHITE I 491, DE BRUYNE 198, BACON (1922) 140 [Interpunktion vor *recte* (wie S)], HARNACK 806f. (= 325f.) [*id est in extremis* mit DE BRUYNE als Glosse athetiert], BACON (1930) 44 [wie 1922, 140, aber *verum* in *vero* geändert], EISLER (1930) 362f. und (1938) 154–156 [Interpunktion nicht nach *recte*, sondern erst nach *Marcion hereticus*], ANNAND 60 [Interpunktion nach *verum* („Papias wrote down the true gospel which the true John dictated all through"); nach *abiectus est* beginnt ein neuer Satz mit *Ab Iohanne is vero ... pertulerat a fratribus ...*], REGUL 34, HÜBNER 124, KÖRTNER 69f., VINZENT *Marcion* 15 [Interpunktion wie EISLER, s. o.], vgl. VINZENT *Auferstehung* 125 und KLINGHARDT 385.

8   ZAHN (1867) übersetzte bewußt wörtlich (540): „wurde von dem noch am Leben befindlichen Johannes bekannt gemacht ...".

9   KÜRZINGER [s. HÜBNER] (125) und andere verweisen mit gutem Grund auf LIGHTFOOT (213), der in *exotericis* eine Verschreibung für *exegeticis* vermutete (so schon HILGENFELD), die dann ihrerseits die Glosse *id est in extremis* hervorgerufen habe. Näheres zu dieser Crux u. S. 70f.

Diese stilistisch anstößige und holprige Version[10] gilt heute als die ursprüngliche. In Wirklichkeit ist sie sekundär. Die Frage läßt sich jedoch nicht isoliert für den Prolog des Johannes-Evangeliums entscheiden, sondern es müssen alle drei antimarkionitischen Prologe (Lk, Mk, Joh) zusammen in den Blick genommen werden. Dies soll anschließend in einer Neubewertung der Überlieferung geschehen.

I. Die handschriftliche Überlieferung der antihäretischen Evangelienprologe

Der anonyme Verfasser der drei Prologe berührt sich zum Teil eng mit den biographischen Skizzen, die Hieronymus in *de viris illustribus* von den Evangelisten Lukas, Markus und Johannes (in dieser Reihenfolge!) gibt. Beide Autoren zeigen zudem enge Verwandtschaft mit den Berichten über die Evangelisten in Eusebs *Historia ecclesiastica* (der sich seinerseits auf Papias und Klemens von Alexandrien beruft). Bevor das Verhältnis dieser unterschiedlichen Quellen zueinander geklärt werden kann, widmen wir uns zunächst der Überlieferung und Textkonstitution der jeweiligen Alternativfassungen der drei Prologe (es steht jeweils eine „Langfassung" gegen eine „Kurzfassung"). Dabei ist zu beachten, daß oftmals in der gleichen Handschrift die Quellen der drei (oder vier) Prologe wechseln. So ist in dem sogenannten Burkhardsevangeliar der Würzburger Universitätsbibliothek (I2), einem im italischen Kampanien geschriebenen Unzialkodex der 2. Hälfte des 6. Jh.s[11], nur der Lukasprolog aus der antimarkionitischen Traditionslinie genommen, die Mk- und Joh-Prologe gehören der späteren monarchianischen Gattung an; ebenso der Mt-Prolog, der aber zusammen mit dem ganzen Mt-Evangelium erst im 8. Jh. dem ursprünglichen Drei-Evangelienbuch (Mk, Lk, Joh) hinzugefügt wurde. Somit wechselt die Zahl der verfügbaren Handschriften und deren stemmatische Einordnung von Prolog zu Prolog[12].

Hier zunächst die Sigla der berücksichtigten Handschriften. Ich ordne sie schon hier nach Familiengruppen, wie sie sich aus der späteren Untersuchung und dem kritischen Apparat ergeben werden. Der Wechsel der Familienzugehörigkeit in den

---

10 Die auffälligen Wiederholungen sind in Sperrdruck gegeben.

11 Er ist im Internet („virtuelle Bibliothek") leicht zugänglich.

12 Über den Bestand gibt REGUL (70/72) wie folgt Auskunft: „Nur in sechs Handschriften finden sich alle drei Prologe gemeinsam. In den übrigen Handschriften sind nur zwei oder einer der Prologe vorhanden. Dementsprechend kommen die einzelnen Prologe verschieden oft vor. Der Lc-Prolog liegt an der Spitze und bringt es auf 31 Mal, der Mc-Prolog auf 12 und der Jo-Prolog auf 10 Mal. Das häufigere Vorkommen verdankt der Lc-Prolog aber zweifellos der Tatsache, daß er im ersten Abschnitt mit dem geläufigeren Lc-Argument nahezu identisch ist."

drei Prologen kann dabei nur angedeutet werden[13]. Der Leser sei auf die Stemmata verwiesen[14]:

			de Bruyne	Regul		
α					„Langfassung"	
			T	S2	Matrit. Bibl. Nac. Vitr. 13-1 (olim Tolet. 2-1), s. X	**[Lk, Mk, Joh]**
			X	S3	Matrit. Bibl. Univ. 32, s. X	**[Lk, Mk, Joh]**
			E	S7	Leon. S. Isid., s. X (960)	[(Lk)[15], **Mk, Joh**]
			O	S4	Matrit. Mus. Arch. 485, s. XII	[(Lk), **Mk**]
			Y	S8	fragm. Visigoth. (Salamanc.), s. X (943)	**[Joh]**
β					„Kurzfassung"	
	δ					
		ζ				
			F	V1	Vat. Barb. lat. 637, s. IX	**[Lk, Mk, Joh]**
			N	M	Monac. 6212, s. IX	**[Lk, Mk, Joh]**
			S	C	Stuttg. cod. bibl. fol. 44, s. XI	**[Lk, Mk, Joh]**
			R	V2	Vat. Reg. lat. 14, s. X	**[Joh]**
			–	I2	Herbipol. Bibl. Univ. M. p. th. f. 68, s. VI[2]	**[Lk]**
			–	J3	Ambros. C. 223 inf., s. XII	**[Lk]**
		η				

---

13 Z.B. durch geklammertes, nicht fett gegebenes „(Lk)" innerhalb der α-Gruppe. Das soll heißen: im Lk-Prolog repräsentieren E und O nicht α, sondern (s. u.) $\varkappa$.

14 Ich stütze mich vornehmlich auf die kritische Erstausgabe von DE BRUYNE, auf HARNACK und REGUL, der den erweiterten Bestand der lateinischen Evangelien mit Prologen und Argumenta (insgesamt ca. 70) katalogisiert und die seiner Ausgabe zugrunde gelegten Kodizes neu verglichen hat. Herangezogen sind ferner WORDSWORTH–WHITE, für den Lk-Prolog ZAHN (⁴1920), für den Joh-Prolog EISLER (14ff.), VINZENT *Marcion* 14ff. und KLINGHARDT 385.

15 Siehe Anm. 13.

			ff	I1	Paris. 17225, s. V^in	[Lk]
			Gr		**A** = Athen. Bibl. nation. 91 (Gregory 1828), s. XII **B** = Oxon. Bodl. Misc. Graec. 141, s. XI	[Lk]
		ϑ				
			L	–	Leon. cathedr., s. X (920)	[Lk]
			M	S6	Matrit. Acad., s. XI	[Lk]
	ε				**„monarch. Interpolation":** *<Christi in carnem venturi>*	
		ϰ				
			C	S1	Cavens., s. IX	[Lk]
			D	J2	Paris. 17226, s. VII	[Lk]
			O (E)	S4 (S7)	*vide supra (not. 15)*	
		λ				
			–	J4	Paris. lat. 320, s.XIII	[Lk]
			–	F4	Darmstadt. 746, s. IX^ex	[Lk]
			–	F5	Sangall. 52, s. IX^1	[Lk]
			–	F6	Bern. Bibl. Burger. A. 9, s. X	[Lk]
			–	B1	Vindob. Lat. 1224, s. VIII/IX	[Lk]
			–	B2	Cremis. Cim. 1 („cod. Millenar.'), s. IX^in	[Lk]
			–	B3	Monac. 8272, s. XI^in	[Lk]
		μ			**„priszillianische Erweiterung"** (ca. 380)	
			A	–	Monac. 6215, s. IX	[Lk]
			Z	B5	Monac. 17011, s. IX^2	[Lk]
			W	B7	Monac. 15959, s. XI/XII	[Lk]
			H	B6	Monac. 23358 , s. XI/XII	[Lk]
			Q	P	Paris. 11960, s. XI	[Lk]

Die Überlieferung der Prologe ist durchgehend zweigeteilt: Der Archetypus ω spaltet sich auf in die Äste a (= Langfassung) und β (= Kurzfassung). Der Text der beiden Hyparchetypi läßt sich recht sicher rekonstruieren. Schwierigkeiten entstehen nur im Lk-Prolog, weil dort die Vielzahl der verfügbaren Handschriften viel Geduld erfordert, die stemmatischen Filiationen aufzudecken. Die hier vorgelegte Tabelle und die nachfolgenden Stemmata bilden den Gang der Überlieferung zwar schematisch verkürzt, aber zuverlässig ab. Im Lk-Prolog finden wir einige Besonderheiten vor: 1. Der a-Langtext wird nur noch von den beiden Kodizes TX bezeugt. 2. Die Überlieferung des β-Kurztextes spaltet sich ihrerseits in zwei Äste (δ und ε) auf. Signifikantes Merkmal des ε-Zweiges ist – von allen anderen abgesehen – die (monarchianische?) Interpolation *Christi in carnem venturi* in § 9. Dieser ε-Text wird uns durch drei (Sub-)Hyparchetypi ($\varkappa\lambda\mu$) tradiert, von denen μ deshalb hervorzuheben ist, weil dort eine umfangreiche priszillianische Erweiterung (aus der Zeit um 380?) greifbar wird[16], von der Teileelemente durch Kontamination in die Hyparchetypi λ und ϑ gelangt sind[17]. Weitere stemmatische (und textkritische) Einzelheiten werden im Kapitel III. besprochen, wo über die Stellung des griechischen Überlieferungsträgers **Gr** zu handeln ist.

Um dem Leser die Übersicht zu erleichtern, gebe ich bereits hier das Stemma des Lk-Prologs, weil es den Verlauf der handschriftlichen Überlieferung am umfassendsten abbildet:

---

16 Die μ-Zusätze spiegeln wörtlich das monarchianisch-priszillianische Lukas-*Argumentum*, wie es bei Chapman 220f. (zuvor bei Corssen 7f.) gedruckt ist. Zum Verhältnis zwischen Lk-Prolog und Lk-Argument s. Regul 262–265.

17 Die δ-Fassung von § 9 lautet (wir kommen unten auf die Stelle im Zusammenhang mit **Gr** zurück): *sed et sibi maximam necessitatem incumbere Graecis fidelibus cum summa diligentia omnem* ^ *dispositionem narratione sua exponere, propterea ne ... a veritate* (so $\zeta\vartheta$ und E [eine offenbar kontaminierte Hs, die primär der ε-Familie zugehört; J3 fällt in direkte Rede: *maxima necessitas incumbuit*]).
    Diese Version ist in $\varkappa$ (CDO[I2²]) und λ um die Interpolation (*dispositionem*) <***Christi in carne(m) venturi***> (*narratione*) erweitert. μ überliefert stattdessen <u>*cui extra ea, quae ordo evangelicae dispositionis exposcit, ea maxime necessitas laboris fuit, ut primum*</u> *Graecis fidelibus omni prophetatione* (alii: *perfectione*) <***venturi in carnem Dei Christi***> *manifesta(ta) humanitas, ne ... a veritate, elaboraret.* Den ersten, mit durchlaufender Linie unterstrichenen Satz bietet λ (EJ4F4.5B1–3) zusätzlich als Alternative zu *sed et sibi ... incumbere*, ϑ sowohl das unterstrichene als auch das unterpunktierte Textsegment. Gedanklich verwandt scheint Tert. adv. Marc. 3,11,9 *Itaque, si carneus habebitur, quia natus, et natus, quia carneus, quia phantasma non fuerit, ipse erit agnoscendus, qui **in carne et ex nativitate venturus** adnuntiabatur a creatoris prophetis, utpote **Christus** creatoris.*

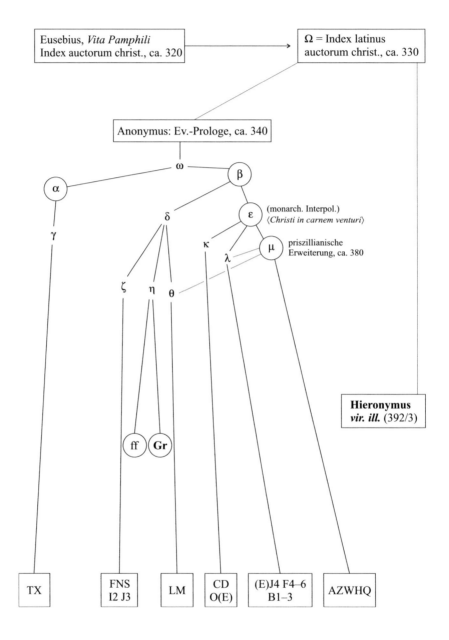

II. Die Priorität der α-Version

Im folgenden werden die Textfassungen der jeweiligen Prologe in zwei Kolumnen nebeneinander gestellt. Um möglichen Verwirrungen vorzubeugen, gibt die linke Spalte – im Vorgriff auf die späteren Diskussionen – jeweils gleich den rekonstruierten Urtext, also die ursprüngliche Fassung des Anonymus mit kritischem Apparat. Die Urfassung unterscheidet sich in der Regel nur wenig von der α-Version, ist etwa im Falle des Lk-Prologs bis auf zwei Wort-Emendationen, die ZAHN verdankt werden, und zwei (mit Hilfe von β oder FGr zu korrigierenden) Verschreibungen identisch mit der Langfassung α (= TX). Die rechte Spalte weist die Kurzfassung β aus, wie sie in der kritischen Edition von DE BRUYNE (197f.) abgedruckt ist[18] (Orthographie und Interpunktion wurden teilweise geändert, die Ausfälle durch leere Spatia kenntlich gemacht)[19]. Im α-Text notiere ich zusätzlich rhythmische Schlußklauseln, soweit sie die gedankliche Gliederung markieren helfen, also im Sinne einer dem Text eingeschriebenen Interpunktion verstanden werden können, wenngleich der Verfasser keine durchgehende Rhythmisierung erstrebte[20].

1. Der Prolog zum Lukasevangelium

| Lk (Anonymus = α [TX] emend.): 1. *Lucas Antiochensis Syrus, arte medicus* (T²), ***ut eius scripta indicant*** (Cₘ), ***Graeci sermonis non ignarus fuit*** (Cₘ). *discipulus apostolorum* (T), *postea vero Paulum secutus est* (H) *usque ad confessionem eius* (O). 2. *serviens Domino sine crimine uxorem numquam habuit, filios numquam procreavit* (T); *octoginta quattuor annorum obiit in Bithynia plenus spiritu* | Lk β (DE BRUYNE): 1. *Est quidem Lucas Antiochensis Syrus, arte medicus,* ^ *discipulus apostolorum, postea vero Paulum secutus est usque ad confessionem eius.* 2. *serviens Domino sine crimine uxorem numquam habuit, filios numquam procreavit; octoginta quattuor annorum obiit in Bithynia* |

---

18 Wir werden später sehen, daß es sich dort in Wirklichkeit um die Fassung des „Subhyparchetypus" δ handelt. Eine kritische Ausgabe der β-Version (mit krit. App.) findet man in Kap. III, u. S. 32f.). Mit Ausnahme der dort geübten Praxis (s. Anm. 69) gilt für den Zweispaltentext der gesamten Abhandlung das folgende Markierungsprinzip im Verhältnis von linker zur rechten Spalte: Differenzen im Wortlaut und Textüberschuß sind in der linken Spalte (hier also in der α-Fassung) durch Fettdruck, in der rechten Spalte (hier also im β-Text) durch punktierte Linien hervorgehoben; Auslassungen werden durch das Zeichen ^ markiert.

19 Die eingeführte Paragraphenzählung orientiert sich anfangs an ZAHN; dort, wo wegen des Textüberschusses der α-Version neue Ziffern eingeführt werden mußten, sind gelegentlich kleinteiligere Abschnitte bevorzugt worden, um die in der nachfolgenden Besprechung nötigen Verweise zu erleichtern.

20 Das System der verwendeten Sigla ist in ZPE 138, 2002, 56 beschrieben (zuletzt wiederholt in Zw., *Urfassungen* I 179[108]).

sancto (O). 3. *Igitur cum iam descripta essent evangelia, per Mattheum quidem in Iudaea, per Marcum autem in Italia, sancto instig**ante** spiritu* (tH) *in Achaiae partibus hoc descripsit evangelium,* 4. **quod non tantum ab apostolo Paulo didicerat** (O∫C_m²), **qui cum domino in carne non fuit** (H), **sed a ceteris apostolis magis** (H), **qui cum domino fuerunt** (T), 5. *significans per principium **ipsius evangelii** ante alia esse descripta* (O). 6. **et a quibus audierit apostolis ipse declarat** (O) **dicens: 'sicut tradiderunt nobis qui a principio ipsi viderunt et ministri fuerunt sermonis'** [Lk 1,2]. 7. **de quo et apostolus ait: 'misimus cum illo fratrem, cuius laus est in evangelio per omnes ecclesias'** [2Kor 8,18], **et ad Colossenses: 'salutat vos Lucas carissimus meus'** [Kol 4,14]. 8. **Igitur hoc evangelium, sicut audierat ipse, conposuit** (T¹∫O³) 9. **significans per principium eius** *maximam necessitatem incumbere Graecis fidelibus* (H) *cum summa diligentia* (H) *omnem **veritatem gestorum dominicorum*** (T¹) *dispositionemque narratione sua exponere* (C_ch) 10. **ideo,** *ne Iudaicis fabulis* (C) *adtenti in solo legis desiderio tenerentur* (O), *neve haereticis* **quaestionibus** (H) *et stultis sollicitationibus seducti exciderent a veritate* (T). 11. *Itaque perquam necessariam* (C) *statim in principio* <prae>*sumpsit Iohannis nativitatem* (T), *qui est initium evangelii, praemissus Domini nostri Iesu Christi, et fuit socius ad perfectionem populi, item **introductionis** baptismi atque passionis* (tT) *socius.* 12. *Cuius profecto dispositionis exemplum* (O) *meminit **Malachias** propheta* (T), *unus de duodecim* (C_m²). 13. **Deinde ipse** *Lucas scripsit actus apostolorum **in urbe Roma*** (T); **post hunc** *Iohannes **evangelista** scripsit apocalypsin in insula Pathmos* (O), **post** *evangelium in Asia* (C_m^{2.3}).	*plenus spiritu sancto.* 3. *Igitur cum iam descripta essent evangelia, per Mattheum quidem in Iudaea, per Marcum autem in Italia, sancto instigatus spiritu in Achaiae partibus hoc descripsit evangelium,* ^ 5. *significans per principium* ^ *ante suum alia esse descripta,* ^ 9. *sed et sibi maximam necessitatem incumbere Graecis fidelibus cum summa diligentia omnem* ^ *dispositionem narratione sua exponere,* 10. *propterea ne Iudaicis fabulis*[21] *desiderio tenerentur, neve haereticis fabulis et stultis sollicitationibus seducti exciderent a veritate.* 11. *Itaque perquam necessariam statim in principio sumpsit ab Iohannis nativitate, quae est initium evangelii, praemissus Domini nostri Iesu Christi, et fuit socius ad perfectionem populi, item inductionem baptismi atque passionis socius.* 12. *Cuius profecto dispositionis exemplum meminit Malachiel propheta, unus de duodecim.* 13. *Et tamen postremo scripsit idem Lucas actus apostolorum* ^ ; *postmodum Iohannes apostolus scripsit apocalypsin in insula Pathmos, deinde evangelium in Asia.*
1 Lucas] est quidem lucas β ut eius ... fuit *om.* β **4** quod non ... fuerunt *om.* β **5** ipsius evangelii *om.* β **6–8** et a quibus ... conposuit *om.* β **9** significans ... eius] sed et sibi β omnem veritatem ... dispositionemque] omnem dispositionem β narratione sua β: suae narrationis *a* **10** quaestionibus] fabulis β **11** <prae>sumpsit *Zahn* 742 *coll. prol.*	

---

21   Hier ist bei DE BRUYNE zu Unrecht das Kolon *adtenti in solo legis* ausgelassen, s. Anm. 35 und S. 35.

priscill. (v. Chapman 1908, 220: Ioannis nativitate praesumpta)   Iohannis nativitatem **FGr**: ab Iohannis nativitate rell. (necessarium st. principium ... nativitate **O**)   qui Zahn 742 coll. **Gr** (ὅς): que codd. lat. introductionis] inductionem **β**   **12** Malachias] malachiel **β**   **13** in urbe Roma om. **β**   post evang.] deinde evang. **β**

„1. Lukas, ein antiochenischer Syrer, Arzt von Beruf, war nach dem Ausweis seiner Schriften wohlbewandert in der griechischen Sprache. Schüler der Apostel, später aber ist er dem Paulus gefolgt bis zu dessen Bekenntnis im Martyrium. 2. Untadelig dem Herrn dienend, ohne Frau und ohne Kinder, starb er mit 84 Jahren in Bithynien voll des heiligen Geistes. 3. Da nun bereits Evangelien geschrieben waren, nämlich durch Matthäus in Judäa, durch Markus in Italien, schrieb er unter Antrieb des heiligen Geistes in den Gefilden Achaias dieses Evangelium, das er nicht nur vom Apostel Paulus vernommen hatte, der nicht mit dem leiblichen Herrn zusammen war, sondern in erster Linie von den übrigen Aposteln, die mit dem Herrn Umgang gepflogen haben, 5. und wies gleich zu Beginn dieses seines Evangeliums darauf hin, daß zuvor andere geschrieben worden seien. 6. Und von welchen Aposteln er das seine gehört hat, macht er selbst klar mit den Worten: ‚Wie uns jene überliefert haben, die von Anfang an Augenzeugen waren und Diener seines Wortes‘ (Lk 1,2). 7. Von ihm sagt auch der Apostel: ‚Wir haben mit ihm gesandt den Bruder, dessen Lob im Dienste des Evangeliums durch alle Gemeinden geht‘ (2Kor 8,18), und im Brief an die Kolosser: ‚Es grüßt euch Lukas, der mir überaus lieb gewordene‘ (Kol 4,14)[22].

8. So hat er also dieses Evangelium, wie er es selbst gehört hatte, verfaßt, 9. indem er zu Beginn desselben kundtut, es bestehe die dringlichste Notwendigkeit, den aus dem Heidentum kommenden Christen mit äußerster Sorgfalt die volle Wahrheit der Taten des Herrn und die ihnen zugrunde liegende providentielle Heilsordnung[23] in seinem Bericht darzulegen – 10. aus dem Grunde, daß sie (sc. diese Proselyten) nicht, ihre Aufmerksamkeit auf jüdische Mythologien richtend, sich allein von dem Verlangen nach dem Gesetz (des AT) fesseln ließen, andererseits aber auch nicht durch häretische Dispute über Streitfragen und törichte Hetzreden verführt die Wahrheit verfehlten. 11. Daher

---

22 Die Vulgata-Überlieferung des Kolosserbriefes (ebenso Hier. vir. ill. 7,1: s.u.) bietet in Übereinstimmung mit dem griechischen Urtext *medicus charissimus* („der überaus geliebte Arzt“) statt „mein überaus Geliebter“.

23 Zu *omnem veritatem gestorum dominicorum* **dispositionem**que vgl. BLAISE-CHIRAT, Dictionnaire Latin-Français des Auteurs Chrétiens S. 282; dort Verweis auf Hilar. myst. 1,37 *consummatur ergo in rebus gerendis* **dispositio** *spiritalis*: „l'économie spirituelle (que montre l'interprétation spirituelle) se trouve réalisée dans les événements à venir“. *dispositio* ist die lateinische Entsprechung zu οἰχονομία; hierzu LAMPE, Patristic Greek Lex. S. 941 C. 2 („of divine dispensation in creation and providential ordering of world“); siehe anschließend Anm. 24.

stellte er gleich zu Beginn die Geburt des Johannes als ein überaus wichtiges Ereignis (dem Bericht über das Jesus-Geschehen) voran; denn Johannes ist ‚der Anfang des Evangeliums' (Mk 1,1.4), der Vorausgesandte unseres Herrn Jesus Christus. Er war verbündeter Mithelfer bei der ‚Vervollkommnung des Volkes' (Lk 1,17), ebenso Mitwirkender bei der Einführung der Taufe und Leidensgenosse. 12. Tatsächlich führt ein Beispiel dieser providentiell-typologischen Heilsordnung der Prophet Malachias an[24], einer der Zwölf. Danach schrieb Lukas selbst[25] die Apostelgeschichte in der Stadt Rom; nach ihm schrieb der Evangelist Johannes die Apokalypse auf der Insel Pathmos, danach sein Evangelium in Kleinasien."

In diesem L u k a s -Prolog zeichnet sich die längere a-Version dadurch aus, daß die antimarkionitische Tendenz stärker betont ist. In β wurde ausgerechnet jener Passus herausgeschnitten, durch den die einleitende, einhellig überlieferte biographische Nachricht, Lukas sei ein Apostelschüler, später dann ein Gefolgsmann des Paulus gewesen, zu einer Beglaubigung des Lukas-Evangeliums ausgeformt und dabei zugleich antimarkionitisch ausgedeutet wird: Dieses Evangelium habe Lukas nicht nur vom Apostel Paulus vernommen, der keinen Umgang mit dem leiblichen Herrn hatte, sondern in erster Linie von den übrigen Aposteln, die mit dem Herrn zusammen waren. Das soll einerseits das Gewicht des Evangeliums erhöhen, zielt andererseits auf eine nachdrückliche Einschränkung der (von Markion verabsolutierten) Autorität des Paulus[26] zugunsten der unmittelbaren Zeugenschaft der übrigen Apostel. Auch die kurz darauf folgende Konkretisierung dieser Zeugenschaft durch die entsprechenden Schriftbelege sind in β herausgekürzt. Aber man kann sehen, daß

---

24 Siehe hierzu u. S. 62. Die Begriffe *dispositio* (120 Belege im Irenaeus latinus!) und das griechische Äquivalent οἰχονομία (vgl. Anm. 23) schillern oftmals zwischen den Bedeutungen „Anordnung", „Plan", „Heilsplan", „providentielle Heilsordnung", „allegorisch-typologische Ausrichtung (bzw. Deutung) des Heilsplans" (letztere nahegelegt durch mehrmals auftretende Kombinationen mit *mysterium, typus, imago, similitudo, species*); vgl. Iren. lat. 1,14,9 (lin. 194 [SC 264]) *habent illam quae est a d i m a g i n e m dispositionem* (τὴν κατ᾽ εἰκόνα οἰχονομίαν); 4,20,10 (lin. 237 [SC 100,2]) *non igitur manifeste ipsam faciem Dei videbant prophetae, sed d i s p o s i t i o n e s e t m y s t e r i a per quae inciperet homo videre Deum*; 4,20,11 (lin. 338) *sic semper Verbum Dei velut l i n i a m e n t a rerum futurarum ab eo et velut s p e c i e s dispositionum Patris hominibus ostendebat*; 4,21,3 (lin. 35) *si quis autem et actus qui sunt Jacob addiscat, inveniet eos non inanes, sed p l e n o s dispositionum* („voller providentiell-typologischer Heilsfügungen") ... *ad hoc enim nascebatur dominus, cuius t y p u m generationis monstrabat*; 4,21,3 (lin. 70: *Rachel/Ecclesia*) ... 77 *n i h i l enim v a c u u m , n e q u e s i n e s i g n o apud eum*; 5,17,4 (lin. 75 [SC 153]) *hoc ... et per H e l i s e u m prophetam s i g n i f i c a n t e r* („allegorisch") *ostensum est ... quod firmum Verbum Dei ... recepturi essemus iterum p e r l i g n i d i s p o s i t i o n e m*.

25 Gemeint ist wohl: im Unterschied zum Lk-Evangelium, das er nicht aus eigener Autorität schrieb, sondern als Sprachrohr des Paulus.

26 Siehe dazu u. Anm. 173 und S. 82f.

es dem Redaktor dabei nicht speziell um die Entfernung unzeitgemäß gewordener konfessioneller Züge geht, sondern um eine Reduktion der breiten Darstellung auf die sachlich nötigen Informationen: die Vita des Lukas und seine Schriften, die ins Verhältnis zu den Schriften der drei übrigen Evangelisten gesetzt werden.

Die beiden ersten streift der Verfasser lediglich in einem pauschalen Rückblick (3) und ordnet sie in ein geographisches Schema ein (Mt in Judäa, Mk in Italien – ihnen folgend dann Lk in Achaia, also Griechenland). Am Ende wird dieses Schema durch einen Ausblick in die Zukunft ergänzt (13): Lukas werde später (nach dem eben erläuterten Lk-Evangelium) in Rom die Apostelgeschichte (Apg) schreiben, schließlich der Evangelist Johannes die Apokalypse auf der Insel Pathmos, danach sein Evangelium in Kleinasien. In der Langfassung des folgenden Mk-Prologs (2) greift der Anonymus dann auf dieses hier in 3 und 13 entworfene Tableau zurück und berichtet, Markus habe auf Bitten der Brüder in R o m sein kurzes Evangelium (das die Verkündigung des Petrus aufzeichne) *in Italiae partibus* geschrieben[27] und von dort nach Ägypten gebracht, wo er den ersten Bischofssitz eingenommen habe. Der Ring schließt sich im Joh-Prolog (wiederum nur in der Langfassung): Dort erfahren wir (§ 1), daß als letzter der Apostel (!) Johannes, der Lieblingsjünger Jesu, sein Evangelium auf Drängen der Bischöfe (!) Kleinasiens geschrieben habe. Der Anonymus (dies sei beiwege notiert) sieht also, wie viele vor und nach ihm, in dem Evangelisten (der im Lk-Prolog benannt war) und dem Apostel Johannes ein und dieselbe Person[28] und fingiert eine historisch unmögliche, anachronistische Situation. Bei dieser Fiktion verbleibt er auch im folgenden: Wie wir schon oben in dem einleitend abgedruckten Zitat gehört haben, legt er § 4 dar, daß Johannes dieses – nach der Apokalypse geschriebene – Evangelium[29] noch zu seinen Lebzeiten den Christengemeinden in Kleinasien bekannt gemacht habe.

Auch in der Angabe des Zieles, das Johannes mit seinem auf die drei Vorgänger abgestimmten Evangelium verfolgt habe (§ 2), schlägt der Verfasser der Langversionen den Bogen zum Lk-Prolog zurück: Dort war (Lk-Prol. 3) mit dem Neueinsatz *igitur cum iam descripta essent evangelia* (sc. Mt und Mk) die Beziehung zu den beiden Vorgängern hergestellt und in § 11 der Beginn der Evangeliumserzählung mit der Geburt des Vorläufers Jesu, Johannes des Täufers, der zugleich Gefährte bei der Vervollkommnung des Volkes Gottes (in der Taufe) und Gefährte Christi im Martyrium gewesen sei, als (heilsgeschichtlich) überaus wichtig eingeschätzt

---

27 De Bruyne (201) hat auf die „phraséologie identique" in Lk-Prol. 3 hingewiesen: *in Achaiae partibus hoc descripsit evangelium*. Wie man sieht, erstrebt der gleiche Verfasser bewußt eine Variation in der Wortstellung (Mk-Prol. 2 *hoc breve evangelium in Italiae partibus scripsit*).

28 Vgl. z.B. Hier. in Matth. praef. [CC 77 lin. 39] *ultimus I o h a n n e s apostolus et evangelista, quem Iesus amavit plurimum* ...

29 Die Werkabfolge wird nur in der Langfassung beiläufig gestreift: Der Anonymus weist zurück auf seine frühere Mitteilung in Lk-Prol. 13.

worden[30]. Hier wird der entsprechende Abschnitt (Joh-Prol. 2–3) durch *cum legisset Matthaei, Marci et Lucae de evangelio volumina* eingeleitet und im weiteren die Ergänzungsfunktion des Joh-Evangeliums im Verhältnis zu den drei Vorgängern hervorgehoben: Diese hätten lediglich das Jesus-Geschehen e i n e s Jahres, in dem auch Johannes der Täufer nach Kerkerhaft den Tod erlitten habe, dargestellt[31]; der Evangelist Johannes dagegen habe das Ziel verfolgt, die Vorgänge vor diesem einen Jahr zu erzählen, also auch das, was sich vor der Kerkerhaft des Täufers ereignet habe.

Aus diesem knappen Vergleich der Langfassungen der drei Prologe ergibt sich eine in sich stimmige, einheitliche Konzeption: Sie stammen klar von ein und derselben Hand und sind vermutlich in der auch bei Hieronymus vorliegenden Reihenfolge Lk, Mk, Joh verfaßt[32]. Unter Voraussetzung dieser Reihenfolge wird der Blick des Lesers zunächst von Judäa (Mt) über Italien (Mk) nach Griechenland (Lk) und Kleinasien (Joh) gelenkt. Im Mk-Prolog kommt (im Anschluß an Italien) noch Ägypten hinzu, im Lk-Prolog nach Griechenland ein weiteres Mal Italien (Apg), im Joh-Prolog rückt dann die Situation in Kleinasien in den Vordergrund, dort vor allem die Auseinandersetzung mit den Häretikern, derentwegen der Apostel Johannes – aufgefordert durch die Bischöfe Asiens – sein Evangelium verfaßt und es seinem vertrauten Schüler Papias in die Feder diktiert habe. Schließlich wird er in einem weiteren Anachronismus mit Markion in Verbindung gebracht, der ihm Beglaubigungsschreiben der christlichen Brüder von Pontus ausgehändigt, dann aber Gegenthesen zum Evangelium aufgestellt habe, die Johannes mißbilligte, worauf er exkommuniziert worden sei. Es wird also ein weiter Bogen gespannt von den Anfängen der Heilsbotschaft mit der Geburt Johannes' des Täufers, des Vorläufers Christi, bis zur Verwerfung des Häretikers Markion.

Zur Kommentierung des Lk-Prologs sei verwiesen auf ZAHN (13–19 und 737–747). Hier sollen einige zusätzliche Hinweise gegeben werden, die die Ursprüng-

---

30　Von DE BRUYNE (206) – zusammen mit der Hervorhebung der drei weiteren Evangelien – als Spitze gegen Markion gedeutet, der nur Lukas ohne Kindheitsgeschichte Jesu und ohne Johannes den Täufer gelten ließ.

31　Über Johannes den Täufer in Mk handelt KLINGHARDT 227.

32　HARNACK (1928) 330 [= 811], der jeweils die β-Kurzfassungen als original zugrunde legt, sieht die Einheitlichkeit der „nach Umfang, Inhalt und Formgebung so verschiedenen Prologe" gewahrt bei der Annahme, „der Verfasser habe sich zu Prologen überhaupt nur entschlossen, weil er eine ‚Einleitung' bei Lukas gegenüber Marcions Lukas-Evangelium für durchaus geboten hielt." Der sorgfältig gearbeitete Lukas-Prolog sei in Wahrheit ein streng antimarkionitischer Prolog in Bezug auf alle vier Evangelien, Apostelgeschichte und Apokalypse und gebe auch an, in welcher Reihenfolge sie geschrieben seien (Mt, Mk, Lk, Apg, Apk, Joh). Bei den (beiden) übrigen Prologen habe er dann keinen besonderen Fleiß und keine stilistische Sorgfalt mehr aufgewendet, sondern sich mit dem Notwendigsten begnügt.

lichkeit der α-Fassung absichern helfen. So sei der Blick auf die durchaus kunstvolle chiastische Anordnung der einander entsprechenden Partien

> *discipulus apostolorum*, postea vero *Paulum secutus* est   und
> *quod non tantum ab apostolo Paulo didicerat, qui cum domino in carne non fuit,*
> *sed a ceteris apostolis magis, qui cum domino fuerunt*

gelenkt, die bewußt gewählt (also eher in einem einheitlichen Schaffensprozeß ent-wickelt worden) zu sein scheint. Der in β fehlende Abschnitt führt die unmittelbar zuvor aufgegriffene Thematik der Autorisierung des Evangeliums fort: Lukas hat *sancto instigante spiritu* geschrieben, gestützt auf die Lehren des Paulus und der übrigen Apostel, die vom Herrn selbst unterrichtet waren (3–4). Das Stichwort *quod ... didicerat* (4) wird anschließend durch *et a quibus audierit apostolis* aufgegriffen (6). Es bildet den Auftakt eines kurzen Abschnittes, in dem die Gewährsmänner des Lukas durch drei Bibelzitate näher gekennzeichnet werden (6–7). Das eine ist aus dem Auftakt des Lukas-Evangeliums selbst genommen (Lk 1,2), die beiden anderen aus Briefen des Paulus (2Kor 8,18 und Kol 4,14), der trotz der antimarkionitischen Einfärbung des Textsegmentes als „d e r Apostel" benannt werden kann (7)[33]. Nach dieser exkursartigen Erläuterung wird durch den Neueinsatz *igitur hoc evangelium sicut audierat ipse conposuit* (8) auf *a quibus audierit* (6) zurückgegriffen und der Ring geschlossen. Durch Wiederholung des zu Beginn von § 5 genannten Stichwortes *significans* wird nun (9), nach Abschluß des zwischengeschobenen Exkurses, zu der neuen Thematik übergeleitet, die das Ziel erläutert, das mit diesem Evangelium verfolgt werde: den aus dem Heidentum kommenden Christen mit äußerster Sorgfalt die ganze Wahrheit der Taten des Herrn und deren providentiell-heilsgeschichtlichen Plan in seinem Bericht darzulegen. Hier ist das in β fehlende Kolon *veritatem gestorum dominicorum* (sc. *narratione exponere*) als Ergänzung zu dem sonst bezuglos stehenden, isolierten *o m n e m* unerläßlich. Es wird zudem durch die zugrunde liegende Textperikope Lk 1,1-4 gestützt[34]. Der Fehler dürfte „me-

---

33 Vielleicht läßt sich auch diese seit den Pastoralbriefen geläufige Ausdrucksweise zu den Phänomenen zählen, auf Grund deren REGUL einen antimarkionitischen Charakter dieser Prologe überhaupt bestritten hat (77ff.). Darin ist er m.E. zu weit gegangen. Aber daß der Lk-Prolog durch die von REGUL hervorgehobenen Details räumlich wie zeitlich aus der < u n m i t t e l b a r e n > Kampfzone (Ergänzung: ZWIERLEIN) mit dem Markion des 2. Jh.s gerückt wird (80), leuchtet ein.

34 Siehe die folgenden Sätze (in der Vulgata-Fassung): *o r d i n a r e   n a r r a t i o n e m, quae in nobis completae sunt, rerum* (~ *gestorum* dominicorum) und *visum est et mihi, assecuto omnia a principio   d i l i g e n t e r,   e x   o r d i n e   tibi scribere,..., ut cognoscas eorum verborum, de quibus eruditus es,   v e r i t a t e m.* Zur Junktur *narratione exponere* s. Rufin. Clement. (recogn.) 9,37,1 *cum haec in auditu senis* **narratione** *gratissima turbis* **exponeret** *Petrus, ita ut audientes* gestorum *miraculis et humanitatis miseratione lacrimarent, ...*; Aug. serm. 10D (=

chanisch", durch Augensprung von _omnem_ auf _dominicorum_, zustandegekommen sein. Danach ist dann die Überlieferung wieder einheitlich, sieht man von einigen punktuellen Divergenzen ab. Auch hier klingen (anti)markionitische Motive an: die Ablehnung des jüdisch-alttestamentlichen Gesetzes[35] und die heilsgeschichtliche Bedeutung Johannes' des Täufers[36]. Dadurch werden die entsprechenden Abschnitte aus dem Einleitungsteil, die in β fehlen, zusätzlich gestützt. Deren Verhältnis zu Hieronymus wird später gesondert zu behandeln sein.

2. Der Markus-Prolog

Auch hier zunächst das Stemma[37] mit nachfolgendem Text:

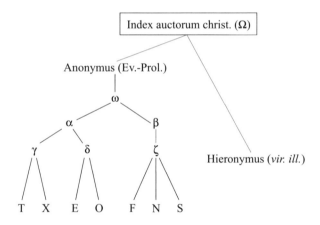

162C) 7 [Etudes Augustin. 147 [1996] p. 50,151] _antequam_ **per narrationem exponerem** _quod volebam_; Cassiod. in psalm. 6,1 (lin. 68 [CC 97]) **narratio** _vero est ad causam probabilem faciendam rerum gestarum clara et diligens_ **expositio**.

35 So § 10: _ne Iudaicis fabulis adtenti_ **in solo legis** _desiderio tenerentur_. Es wird sich zeigen, daß das von DE BRUYNE zwischen _fabulis_ und _desiderio_ ausgelassene Kolon **adtenti in solo legis** in Wirklichkeit auch in β überliefert ist; s. Anm. 21. Zum Inhalt: Die Scheidung von Gesetz (= AT) und Evangelium (NT) war ein wesentlicher Programmpunkt Markions, siehe VINZENT _Auferstehung_ 124 mit Anm. 92 (dort Verweis auf Tert. adv. Marc. 1,19,4) und KLINGHARDT 32 f.; s. u. Anm. 71.

36 Siehe S. 61 (und o. 17 f.).

37 Im Mk-Prolog teilen sich die Handschriften wie folgt auf: _a_ = TXEO, β = FNS.

Mk (Anon. ~ α [TXFO])· 1. *Marcus, qui et colobodactylus est nominatus* (T) *ideo quod a cetera corporis proceritate* (T) *digitos minores habuisset,* **hic discipulus et** *interpres fuit Petri* (O). 2. **Quem secutus** (T), **sicut ipsum audierat referentem, rogatus Romae a fratribus** (C_m), *hoc* **breve** *evangelium in Italiae partibus scripsit* (O). 3. **Quod cum Petrus audisset** (O), **probavit ecclesiisque legendum sua auctoritate firmavit** (O). 4. **Verum** *post* **discessum** *Petri* (C_m), **assumpto hoc evangelio quod ipse confecerat** (C), **perrexit Aegyptum** (O) **et primus Alexandriae episcopus ordinatus** (T), **Christum annuntians** ([T]∫C_m), **constituit illic ecclesiam** (C_m). 5. **Tanta doctrina et vitae continentia fuit** (tH), **ut omnes sectatores Christi ad exemplum sui cogeret** (C).	**Mk β (FNS)**: 1. *Marcus [adseruit], qui* ^ *colobodactylus est nominatus ideo quod* ad ceteram *corporis proceritatem digitos minores habuisset. Iste* ^ *interpres fuit Petri. 2.* ^ *Post excessionem ipsius Petri descripsit idem hoc in Italiae partibus evangelium.* ^
1 Marcus] Marcus adseruit (ads. *add. glossator*) **β** et *om.* **β** a cetera ... proceritate] ad -am ... -tem **β** hic discipulus et] iste **β** **2** quem secutus ... **4** post discessum Petri] post excessionem ipsius Petri descripsit idem hoc in It. part. evang. **β** **3** ecclesiisque *Hier. vir. ill. 8:* -iaeque *codd.; cf. Eus. h.e. 2,15,2* **5** tanta doctrina et vitae continentia **Ω** *Hier. vir. ill. 8 codd.* **T h** (t. doctrinae et v. c. *rell.*): tantae doctrinae et vitae continentiae **α** *(an iam* **Anon.**?) ad exemplum sui cogeret *Hier. vir. ill. 8:* ad suum cogeret [imitari *(glossatori tribuend.)*] exemplum *codd.; v. infra not. 104*	

„1. Markus, der auch ,Stummelfinger' genannt wurde, weil er im Vergleich zu der sonstigen ansehnlichen Körpergröße zu kurze Finger hatte, dieser Markus war Schüler und Interpret des Petrus. 2. Ihm folgend schrieb er auf Bitten der Brüder in Rom so, wie er ihn selbst (es) vortragen gehört hatte, dieses kurze Evangelium in den Gefilden Italiens (nieder). 3. Als Petrus dies gehört hatte, billigte er es und legte kraft seiner Autorität fest, daß es in den Kirchengemeinden gelesen werden solle. 4. Aber nach dem Tod des Petrus nahm er dieses Evangelium, das er selbst gefertigt hatte, und kam mit ihm nach Ägypten. Und zum ersten Bischof Alexandrias bestellt, verkündete er Christus und gründete dort eine Kirchengemeinde. 5. Er war von solcher Gelehrsamkeit und maßvoller Selbstbeherrschung in der Lebensführung, daß er alle Nachfolger Christi (mit unwiderstehlichem Zwang) auf das Vorbild seiner Person verpflichtete."

Man sieht auf den ersten Blick, daß die β-Fassung nur noch ein zusammengekürztes Fragment der ursprünglichen Version bietet, wie sie in α vorliegt. Der Redaktor beschränkte sich auf das unbedingt Nötige: den Namen des Evangelisten einschließlich seines Spitznamens und dessen Herleitung, die enge Verbindung zu Petrus und die Angabe, daß Markus nach dem Tod Petri das Evangelium *in partibus Italiae* verfaßt habe.

Am Ende des ersten Relativsatzes hat er die stützende Funktion des pleonastischen Pronomens *hic* (vor den Prädikatsnomina *discipulus et interpres*) verkannt[38] und deshalb am Anfang ein sinnloses Verb (*adseruit*) hinzugesetzt[39], andererseits aber das für den Hauptgedanken wichtige *discipulus*[40] (*et*) getilgt. Der pretiöse Ersatz des Ablativus comparationis durch *ab*, der den Ausgangspunkt der Vergleichung angibt (HOFMANN–SZANTYR 111f.), ist zu *ad ceteram corporis proceritatem* pervertiert[41]. Das klassische *discessus*, womit bereits Cicero den „Weggang aus dem Leben" bezeichnet, ist nicht durch *excessus* ersetzt, sondern durch das Substantiv *excessio*, das nicht vor Hilarius trin. 10,61, also kaum vor 360 n. Chr., belegt scheint. Andererseits bietet dieses von § 4 der α-Version nach § 2 im β-Passus vorgezogene Kolon *post excessionem* (*ipsius*) *Petri* die Gewähr, daß der α-Text 3–5 nicht nachträglich hinzugesetzt wurde, sondern daß ihn der β-Redaktor – von dem genannten Kolon abgesehen – ebenso herausgekürzt hat wie die α-Zeilen *quem secutus ... fratribus* (2). Diese berichten, daß Markus auf Bitten der Brüder in Rom die Petrus-Verkündigung aufgezeichnet habe. Das hat seine Parallele im Lk-Prolog (4–10), wo dem Evangelisten bescheinigt wird, die Verkündigung des Paulus und der übrigen Apostel für die Christen aus dem Heidentum (*Graecis fidelibus*) niedergeschrieben zu haben, ist also authentisch[42]. Wir werden sehen, daß die im α-Text des Mk-Prologs § 2 niedergelegte Nachricht, ja überhaupt alle im Abschnitt 2–3 der α-Fassung mitgeteilten Auskünfte letztlich auf Papias zurückgehen, den Euseb in seiner Skizze über den Evangelisten Markus ausschreibt (h.e. 2,15–16; vgl. 3,39,15)[43].

Das in § 3 angeführte Detail aber, daß Petrus nicht nur hinter dem Inhalt des Mk-Evangeliums steht, sondern die Aufzeichnung durch Markus ausdrücklich billigt, und kraft seiner Autorität festlegt, daß das Evangelium in den Kirchengemeinden gelesen werden soll[44], bildet geradezu den Kern der antimarkionitischen Botschaft, die durch diese Evangelienprologe vermittelt werden soll: Die durch Markion erfolgte Verabsolutierung des Paulus sei aufzugeben zugunsten einer Anerkennung der Autorität des Urapostels Petrus und der übrigen Apostel. Diese Grundaussage ist nicht nachträglich in die β-Version interpoliert worden, sondern bildet den Aus-

---

38 Es sei beispielsweise an das bekannte *multum i l l e ... iactatus* am Anfang der *Aeneis* erinnert, siehe die Kommentare zu Aen. 1,3.

39 Als Alternativerklärung des Überlieferungsbefundes böte sich die Annahme an, daß am Ende des Relativsatzes das Hauptverb (bzw. die Verbalaussage) ausgefallen ist.

40 Die Apostolizität der Evangelien soll zumindest dadurch verbürgt werden, daß ihre Verfasser Schüler eines Apostels waren.

41 Zur Konfusion von *ad* und *ab* (nur selten tritt *ab* statt *ad* ein) siehe HOFMANN–SZANTYR 220f.

42 Siehe u. zum Schluß des Joh-Prologs S. 26f.

43 In 2,15,2 nennt Euseb zusätzlich die Hypotyposen des Klemens v. Alexandrien als Quelle (mit dem Papias übereinstimme).

44 Vgl. Eus. h.e. 2,15,2.

gangspunkt der Entstehung dieses Prologs (unabhängig davon, ob er in das 2. Jh. fällt oder später zu datieren ist).

3. Der Johannes-Prolog

Im Joh-Prolog bilden die Handschriften TXEY (*α*) und FNSR (*β*) die folgenden Filiationen:

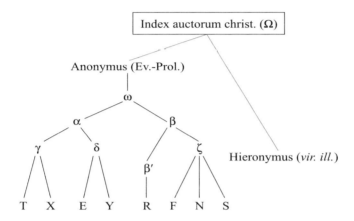

Die eingangs ausgeschriebene Fassung des Prologs geht auf den Hyparchetypus *β* zurück. Schon früh hat man sich daran gestoßen, daß in den wenigen Zeilen dieser Kurzversion fünfmal der Name *Iohannes* fällt und dreimal die Adversativpartikel *vero/verum* auftaucht, wo es doch nahegelegen hätte, wenigstens einmal mittels *sed*, *autem* oder *tamen* zu variieren. Auch die Umschreibung des Namens durch *Papias nomine Hierapolitanus discipulus Iohannis carus* ist ungewöhnlich. Ein Blick auf die Textfassung des Hyparchetypus *α* zeigt, daß *β* durch den Ausfall des Nomens *episcopus* gelitten hat, das vor *discipulus* leicht das Opfer eines Augensprungs werden konnte[45]. Legt man den *α*-Text zugrunde, werden auch die beiden anderen Anstöße zumindest gemildert, insofern am Anfang der Name *Iohannis* und zusätzlich das erste *vero* wegfallen:

---

45 Eisler (1938) 146 verweist auf Hieronymus, der vir. ill. 18 Papias (mit Blick auf Eus. h.e. 3,36,2) als *Hierapolitanus in Asia episcopus* bezeichnet.

Joh (Anon. ~ α [TXEY]):	Joh β (FNSR):
1. *I o h a n n e s apostolus, quem Dominus Iesus amavit plurimum, novissimus omnium scripsit* (O) *hoc evangelium postulantibus Asiae episcopis adversus Cerinthum aliosque haereticos et maxime tunc Ebionitarum dogma consurgens* (O), *qui asserunt stultitiae suae pravitate* (cT) *(sic enim Ebionitae appellantur) Christum antequam de Maria nasceretur* (T) *non fuisse* (T) *nec natum ante saecula* (H) *de Deo patre* (O). *unde etiam conpulsus est divinam eius a patre nativitatem edicere* (C$_m^1$). 2. *sed et aliam causam conscripti huius evangelii ferunt* (C$_m^2$), *quia, cum legisset Matthaei, Marci et Lucae de evangelio volumina* (H), *probaverit quidem textum historiae et vera eos dixisse firmaverit* (C), *sed unius tantum anni, in quo et passus est post carcerem Iohannes* (tT), *historiam texuisse* (T). 3. *praetermisso itaque anno cuius acta a tribus exposita fuerant, superioris temporis, antequam Iohannes clauderetur in carcerem* (C), *gesta narravit* (O), *sicut manifestum esse poterit his qui quattuor evangeliorum volumina legerint diligenter* (T).	
4. **Hoc igitur** *evangelium* **post apocalypsin scriptum** *manifestatum et datum est* (C$_m^1$) *ecclesiis* **in Asia** (C^3) *a Iohanne adhuc in corpore constituto* (T), *sicut Papias nomine Hierapolitanus* **episcopus** (C$_m^2$), *discipulus Iohannis* **et** *carus* (O), *in* ἐξηγήσεως *suae V^o libro retulit;* **qui hoc** *evangelium Iohanne* **sibi** *dictante* **con**scripsit (O). 5. *Verum Marcion hereticus, cum ab eo fuisset* **re**probatus *eo quod contraria sentiret,* **pro**iectus *est* (C$_m$) [*a Iohanne*]. **Hic** *vero scripta vel epistulas* (C^2) *ad eum pertulerat a fratribus* **missas** (O), *qui in Ponto* **erant fideles** (tT) **in Christo Iesu Domino nostro.**	4. ^ *Evangelium* <u>*Iohannis*</u> ^ *manifestatum et datum est ecclesiis* ^ *ab Iohanne adhuc in corpore constituto; sicut Papias nomine, Hierapolitanus* ^, *discipulus Iohannis* ^ *carus, in exotericis* ^, *id est in extremis quinque libris retulit;* <u>*descripsit*</u> <u>*vero*</u> *evangelium dictante* ^ *Iohanne* <u>*recte*</u>. 5. *Verum Marcion hereticus, cum ab eo fuisset* <u>*improbatus*</u> *eo quod contraria* <u>*sentiebat*</u>, <u>*abiectus*</u> *est* [*a Iohanne*]. *Is vero scripta vel epistolas ad eum pertulerat a fratribus* ^ *qui in Ponto* <u>*fuerunt*</u> ^.

---

1 postulantibus] rogatus ab *Hier. vir. ill. 9* edicere *Hier. vir. ill. 9,1:* dicere ω   **2** Iohannes *Zw.:* -is *codd.*   **4** hoc igitur evang. ... manifestatum] evang. Iohannis manifestatum β   in Asia *om.* β   episcopus *om.* β   et carus] et *om.* β   in ἐξηγήσεως suae V° libro *Aberle 9. 11:* in exotericis (-tor- ζ) suis (suis *om.* β) id est in extremis quinque libris *codd.* (id est in extremis *vel interpreti vel glossatori attrib. Aberle et Harnack 806sq. [= 325sq.]):* in exegeticis suis ... libris *Hilgenfeld, cf. Lightfoot 213^2*   qui hoc ... conscripsit] descripsit vero evang. dictante Iohanne recte β   **5** reprobatus] impr- β   sentiret proiectus] sentiebat abiectus β   a Iohanne *del. de Bruyne 208sq. (cf. Harnack 810 [= 329])*   hic] is β   missas *om.* β   erant ... nostro] fuerunt β

1. Der Apostel Johannes, den der Herr Jesus überaus liebte, schrieb als letzter von allen im Auftrag der Bischöfe Kleinasiens dieses Evangelium gegen Cerinthus und andere Häretiker, vor allem aber gegen die damals sich erhebende Irrlehre der Ebioniten, die in der Verkehrtheit ihrer geistigen Einfalt (das bedeutet ja der Name ‚Ebioniten‘) behaupten, Christus habe vor der Geburt aus Maria nicht existiert und sei nicht ‚geboren vor aller Zeit‘ aus Gott Vater. Daher sah er (Johannes) sich auch veranlaßt, Christi göttliche Geburt aus dem Vater öffentlich (in seinem Evangelium) bekanntzumachen. 2. Doch führt man auch noch einen anderen Grund für das Verfassen dieses Evangeliums an: Johannes habe, als er die Evangelienbücher des Matthäus, Markus und Lukas las, zwar deren Darstellung des historischen Geschehens gebilligt und bekräftigt, daß sie die Wahrheit sagen, doch hätten sie lediglich die geschichtlichen Ereignisse eines Jahres dargestellt, in dem auch Johannes[46] nach seiner Einkerkerung den Martertod erlitt. 3. Daher überging er das Jahr, dessen Geschehnisse von den Dreien dargelegt worden waren, erzählte vielmehr die Ereignisse der früheren Zeit, bevor Johannes in den Kerker eingeschlossen wurde, wovon sich jedermann wird überzeugen können, der die vier Evangelienbücher sorgfältig liest. 4. Dieses Evangelium also, geschrieben nach der Apokalypse, wurde von Johannes noch zu seinen Lebzeiten bekannt gemacht und den Gemeinden in Kleinasien übergeben, wie der Bischof von Hierapolis namens Papias, ein Schüler und Vertrauter des Johannes, im 5. Buch seiner *Exegesis* berichtete. Er hat dieses Evangelium nach dem Diktat des Johannes verfaßt. Doch der

---

46 Ich habe das einhellig überlieferte *Iohannis* in *-es* geändert, weil dem Satz sonst sein Subjekt fehlt, Christus aber nicht stillschweigend ergänzt werden kann; denn von ihm ist im ganzen Abschnitt 2 nicht die Rede. Abgesehen davon, daß die Verschreibung *-es/-is* hunderte Male in der Überlieferung eines einzigen Autors von der Größenordnung etwa des Seneca tragicus vorkommt, wurde hier die irrige grammatische „Angleichung" durch die Wortstellung nahegelegt: Statt *in quo et I o h a n n e s passus est post carcerem* (mit nachklappendem *post carcerem*) wählt der Autor die stilistisch gefälligere „geschlossene" Wortstellung, in der das Subjekt *Iohannes* nachdrücklich den Schluß des Relativsatzes bildet. Es scheint ja auch kaum sinnvoll, das Todesleiden Christi speziell mit der Einkerkerung des Johannes in Zusammenhang zu bringen. Wohl aber nennt der Anonymus in Lk-Prol. 11 den Johannes ausdrücklich *passionis socius*: Leidensgefährten des zuvor genannten *Domini nostri Iesu Christi*. Wenn man dies berücksichtigt, erhält die Partikel *et* (= *etiam*) ihren guten Sinn: sie entspricht eng dem hier gewählten Begriff *socius*.
[Ich bin mir bewußt, daß ich mit der Korrektur *Iohann e s* wahrscheinlich den anonymen Urheber der drei Evangelienprologe verbessere; denn der gleiche Nachlässigkeitsfehler findet sich auch bei Hieronymus (vir. ill. 9, s.u.), stand also vermutlich bereits in der gemeinsamen Quelle, dem latinisierten *Index auctorum christianorum* Ω (dazu unten). Aber an diesem Ort geht es in erster Linie darum, den Theologen, Patristikern, Althistorikern und anderen Interessierten einen möglichst stimmigen „Gebrauchstext" zur Verfügung zu stellen, nicht um die Feinheiten der textkritischen und überlieferungsgeschichtlichen Methodik.]

Häretiker Markion wurde, nachdem er von ihm (sc. Johannes) wegen seiner gegensätzlichen (Glaubens-)Meinungen[47] verworfen worden war, aus der Kirchengemeinde ausgeschlossen. Dieser aber hatte ihm (sc. Johannes) schriftliche Dokumente und (Beglaubigungs-)Briefe ausgehändigt, die von (christlichen) Brüdern geschickt waren, die in Pontus gläubig lebten in Christus Jesus unserem Herrn."

Die Langfassung *α* wird schon durch die einfache Überlegung als ursprünglich erwiesen, daß sie zu Beginn eine konkrete Einführung des Evangelisten enthält, wie sie jeweils auch im Lk- und Mk-Prolog vorliegt, in der β-Tradition aber eine solche personenbezogene Exposition fehlt. Erst in der Langversion findet der β-Auftakt *hoc **igitur** evangelium* (4) seine Rechtfertigung: Die Anknüpfungspartikel *igitur* setzt notwendig voraus, daß bereits zuvor von diesem Evangelium die Rede war, knüpft also zwingend an *scripsit hoc evangelium* (§ 1) an. Selbst wenn man sich auf einen Vergleich der in beiden Überlieferungssträngen überlieferten Textpartie (4–5) beschränken wollte, träte die Überlegenheit der *α*-Version hervor: Sie hat die Nachricht von der zeitlichen Abfolge zwischen Apokalypse und Joh-Evangelium erhalten, die der Lk-Prolog bestätigt[48], ferner die geographische Konkretisierung *ecclesiis **in Asia***, die durch den Schlußsatz *qui **in Ponto** erant fideles* (*qui **in Ponto** fuerunt* β) gestützt wird[49]. Der Bericht, daß Markion dem Johannes Schriften *vel epistulas* überbracht hatte *a fratribus missas, qui in Ponto erant **fideles*** (2), erinnert sowohl an die Adressatenangabe *Graecis **fidelibus*** im Lk-Prolog (9) als auch an die Bezeichnung der näheren Umstände durch *rogatus Romae a fratribus* im Mk-Prolog (2), die ihrerseits mit *postulantibus Asiae episcopis*[50] verwandt ist: offensichtlich hören wir auch hier jeweils den gleichen Prolog-Verfasser[51].

---

47 Die hier gewählte allgemeine Verbalaussage *quod contraria sentiret* verbietet es, den Begriff *contraria* auf die ‚Antithesen' einzuengen. VINZENTS Verweis auf Tert. adv. Marc. 1,19,4 kann den Unterschied verdeutlichen: dort werden Markions ‚*Antithesis*' (die lateinische Wiedergabe von ἀντιθέσεις) nicht mit dem allgemeinen Pluralbegriff *contraria*, sondern konkret als *contrariae oppositiones* bezeichnet).

48 Vgl. den Schluß des Lk-Prologs (§ 13) *Deinde ipse Lucas scripsit actus apostolorum in urbe Roma; post hunc Iohannes evangelista scripsit **apocalypsin** in insula Pathmos, post **evangelium** in Asia.*

49 Siehe auch den Schluß des in Anm. 48 gegebenen Zitats aus dem Lk-Prolog; ferner: MPol inscr. ταῖς ἐκκλησίαις ταῖς κατὰ τὴν Ἀσίαν; Vulg. Apk 1,4 *Iohannes septem ecclesiis quae sunt in Asia*; Iren. haer. (lat.) 3,3,4 (lin. 75 [SC 211]) *testimonium his perhibent quae sunt in Asia ecclesiae omnes* (vgl. Rufin. hist. 4,14,5 *quorum testes sunt omnes ecclesiae quae in Asia constitutae sunt*).

50 Joh-Prol. 1; noch näher liegt der von Hieronymus tradierte Wortlaut *rogatus ab Asiae episcopis*; s. u. S. 47.

51 Siehe o. S. 17f. und zu Mk-Prol. 2 (o. S. 22); ferner zu Anm. 56.

Für *a* sprechen selbst scheinbare Quisquilien wie die Bewahrung der Partikel *et* in dem Kolon *discipulus Iohannis et carus* (Joh-Prol. 1), wozu EISLER (1938) 148 auf die in hellenistischer biographischer Literatur gängige Formel μαθητὴς καὶ ἐρώμενος verweist[52]. Kein Interpolator käme auf den Gedanken, vor *carus* von sich aus ein *et* hinzuzufügen; also greifen wir in dieser durch die rhythmische Klausel (O) empfohlenen Version die urtümliche Fassung. Das gleiche gilt für das erhaltene Pronomen *suis*, hinter dem sich ein falsch angeglichenes *suae* verbirgt (siehe den krit. App.), und für das indirekte Reflexivum *sibi*[53]. Die nachdrückliche Schlußklausel *dictante conscripsit* (O) markiert wieder den ursprünglichen rhythmischen Satzschluß, der in der β-Fassung durch die Umformung des ganzen Satzes mit dem veränderten Verb ***descripsit*** am Satzbeginn (s. u.), dem abundanten *vero*, dem Wegfall des im Zusammenhang notwendigen Demonstrativums *hoc* und dem in der Zuordnung schillernden abschließenden Zusatz *recte*[54] gründlich verdorben worden ist. Auch liegt es auf der Hand, daß der Relativsatz *qui in Ponto fuerunt*, mit dem der Gesamtprolog in β ausklingt, nur noch einen kümmerlichen Rest der ursprünglichen, breit ausladenden *a*-Fassung darstellt: *qui in Ponto erant fideles in Christo Iesu Domino nostro.*

Ein wichtiges Echtheitskriterium sind schließlich wieder die antihäretischen Züge (§ 1) des durch *a* überlieferten Eingangspassus, der als Ganzes vom β-Redaktor weggekürzt wurde: Das Johannesevangelium sei im Auftrag der Bischöfe Kleinasiens geschrieben gegen Kerinth und andere Häretiker, allen voran die Ebioniten, die Christi Existenz vor der Geburt durch Maria leugneten und nicht zugaben, daß er vor aller Zeit aus Gott Vater geboren sei. Dies sei der Anlaß gewesen, daß Johannes im Evangelium von Christi göttlicher Abkunft vom Vater spreche. Es wird hier deutlich, daß die Bezeichnung „antimarkionitische" Prologe für manche Passagen dieser Einführungstexte zu eng ist[55]; sie sollte durch den Begriff „antihäretisch" ersetzt werden. Es spiegeln sich in ihnen eine Reihe legendenhafter Häretiker-Episoden, wie sie Euseb von einigen vorgeblichen „Johannes"-Schülern erzählt, u. a. von Polykarp, s. u. S. 74f.

---

52 Er zitiert Suda *omicron* 219 μαθητὴς καὶ ἐρώμενος Μαρσύου, vgl. Pausanias Perieg. 9,34,1 τέχνη δὲ ⟨Ἀγορακρίτου⟩, μαθητοῦ τε καὶ ἐρωμένου Φειδίου. Pollux Gramm., Onomasticon 4,79 Ὀλύμπου δ' ἦν οἰκέτης καὶ μαθητὴς καὶ ἐρώμενος. Sostr. Gramm. frg. 6 (Bd. 1a,23 F. Jacoby) Σώστρατος δὲ ἱστορεῖ Ἀλέξανδρον Ἀπόλλωνος ἐρώμενον καὶ μαθητὴν τοξείας.

53 Siehe HOFMANN–SZANTYR 175 und (zuvor) KÜHNER–STEGMANN I § 117, etwa S. 602f., bes. 613f.

54 Siehe S. 29.

55 REGUL (der allerdings – wie üblich – die gekürzte β-Fassung zugrunde legt) bestreitet überhaupt den antimarkionitischen Charakter der drei Prologe (77–94).

4. Die Adversativpartikel *verum* als Identitätsmerkmal des Prolog-Verfassers

Wir haben bisher bei der Besprechung der drei Evangelienprologe eine Reihe so eng verwandter Motive und sprachlicher Formeln berührt, daß an der Identität des anonymen Verfassers dieser Prologe kein Zweifel bestehen kann[56]. So hat dieser beispielsweise, wie gezeigt, die Adressatenangabe *Graecis fidelibus* (Lk-Prol. 9) und das *rogatus Romae a fratribus* im Mk-Prolog (2) im abschließenden Joh-Prolog durch *rogatus ab Asiae episcopis*[57] und durch *epistulas a fratribus missas, qui in Ponto erant fideles* (2) variiert. Dies berechtigt zu der Annahme, daß auch das in beiden Rezensionen einhellig überlieferte *h o c ... evangelium* des Mk-Prologs (§ 2) das entsprechende *h o c evangelium* der α-Fassung des Johannesprologs (§ 4) bestätigt, und beide Textstellen auf die gleiche Hand verweisen. Diese zeigt sich besonders deutlich in dem jeweils anschließenden Übergang zur nachfolgenden Erzählperikope, der beidemale durch einen scharfen Neueinsatz mit der betonten Adversativpartikel *v e r u m* erfolgt:

Mk-Prol. (α) 2 *Quem secutus* (T) ... *h o c breve evangelium in Italiae partibus* **scripsit** (O). 3 *Quod cum Petrus audisset* (O), *probavit ecclesiaeque legendum sua auctoritate firmavit* (O). 4 **Verum** *post discessum Petri* (C_m) *assumpto h o c evangelio quod ipse confecerat* (C), *perrexit Aegyptum* (O).	**Joh-Prol. (α)** 4 (...) *qui h o c evangelium Iohanne sibi dictante* **conscripsit** (O). 5 **Verum** *Marcion hereticus, cum ab eo fuisset reprobatus eo quod contraria sentiret, proiectus est* (C_m) [*a Iohanne*].

Der β-Redaktor hat jeweils das Verfassen oder Niederschreiben des Evangeliums durch das Verb **descripsit** wiedergegeben, das er an den Satzbeginn rückt (und damit den Prosarhythmus zerstört), während in der lateinischen Urfassung die Verben *scripsit* und *conscripsit* betont am Satzende stehen und dort jeweils Teil einer rhythmischen Klausel sind (beidemale der ,Optima'). Wenn man sich vor Augen hält, daß in Antike und Spätantike die Gliederung des Satzes nicht durch mechanisch gesetzte Interpunktionszeichen, sondern durch den Rhythmus fixiert wurde, wird man zugestehen müssen, daß man nicht beliebig Satzzeichen in die Texte einfügen (oder streichen) darf, um einen passenden (oder scheinbar besseren) Sinn zu gewinnen. Insofern ist die von EISLER (s.o. Anm. 7) eingeführte und in den jüngeren Diskussionen aufs neue verfochtene Interpunktion unangemessen. Sie stört den natürlichen Gedankenverlauf und gerät in Konflikt mit der grammatischen Perio-

---

56 Vgl. o. Anm. 51. Anders REGUL (69–94, vgl. 266), der sich aber gemäß allgemeiner Übereinkunft auf die Kurzfassungen bezieht.
57 Siehe hierzu Anm. 50.

disierung[58], wird aber auch durch den Klauselrhythmus widerlegt; denn beide hier ausgeworfenen Textsegmente zeigen, daß die Sätze vor dem jeweiligen Neueinsatz mit **Verum** jeweils in nachdrücklich rhythmisierte Klauseln auslaufen, deren Schluß jeweils vom Satzprädikat gebildet wird. An dieser Diskription darf man nicht rütteln; sie scheint bereits im Archetypus unserer Handschriften-Überlieferung durch „Ekthesis" der mit Majuskelbuchstaben beginnenden Partikel *Verum* auch „materiell" verankert gewesen zu sein[59].

Die Ersetzung von *scripsit* oder *conscripsit* (*hoc evangelium*) durch **descripsit** hat der β-Redaktor systematisch vorgenommen; sie begegnet auch im Lukas-Prolog. Warum er im Johannesprolog zu **des**scripsit vero evangelium dictante Iohanne ein *recte* hinzugesetzt hat, bleibt sein Geheimnis: Vermutlich wollte er die Antithese zum anschließenden *Marcion hereticus* inhaltlich verschärfen: Papias hat das Evangelium nach Diktat des Johannes in orthodoxer Weise (*recte*) niedergeschrieben, Markion dagegen, der Häretiker, hat es verfälscht[60].

Der Abschluß des Joh-Prologs läßt sich nicht ohne einen Vorgriff auf den Vergleich mit der Textform des Hieronymus beurteilen. Die durch die Prolog-Handschriften vorgegebene Form[61] ist grammatisch unhaltbar; ihre Authentizität wird zudem durch das Fehlen der rhythmischen Schlußklausel in Zweifel gezogen. Hieronymus hat das Richtige bewahrt: *Tanta doctrina et vitae continentia fuit* (tH), *ut omnes sectatores Christi ad exemplum sui cogeret* (C); siehe den krit. Apparat[62].

---

58 Das hat schon Regul (99[2]) gegen Eisler eingewandt. Er spricht von einer „Änderung der Interpunktion, die zu einer grammatikalisch kaum haltbaren Satzkonstruktion führt." Von einem „wahren" Evangelium, das neuere Forscher wieder in die Diskussion eingebracht haben (s. zuletzt Klinghardt 385), ist hier nirgends die Rede.

59 In der diplomatischen Wiedergabe des Johannesprologs nach dem Codex Matritensis T (olim Toletanus) bei Wordsworth–White (I p. 490) ist der Anfangsbuchstabe der Partikel *Verum* als Majuskel auf den linken Kolumnenrand hinausgerückt, um den Neueinsatz deutlich zu machen (auch z.B. das *Sed* in Zeile 20 ist in dieser Weise nach links in den Rand hineingesetzt). Ebenso ist in der Hs R hinter *recte* interpungiert und das folgende *Verum* mit Majuskel-*U* geschrieben (s. Eisler *Plate III* im Anschluß an S. 14).

60 So muß der β-Redaktor gedacht haben, wenn er die Antithese *recte – hereticus* aufmacht.

61 *ut omnes sectatores Christi ad suum cogeret* [*imitari* (glossatori tribuend.)] *exemplum* codd.

62 Selbst in vulgärer Latinität der Spätantike dürfte die Konstruktion *cogere aliquem ad suum imitari exemplum* für *ad suum imitandum exemplum* beispiellos sein. Es kann auch nicht gemeint sein: *ut sectatores Christi cogeret imitari* (sc. *vitae continentiam*) *ad suum exemplum* („gemäß seinem Beispiel"); denn objektloses *imitari* läßt sich kaum rechtfertigen. Vielmehr ist *imitari* als Glosse zu fassen, die verdeutlichen soll: „d.h. ‚sein Beispiel nachahmen'". Hätten wir nicht die Parallelüberlieferung des Hieronymus, wäre zu überlegen, ob die Glosse ein Verb wie *degere* („nach seinem Beispiel ihr Leben verbringen") verdrängt hat (vgl. Cassiod. hist. 8,3,4 *cum Meletius eorum pastor seorsum degere cogeretur*). Aber durch Hieronymus wird deutlich, daß die verderbte Fassung aufgrund von Wortversetzung und Glossierung zustande gekommen ist.

5. Zwischenergebnis: Die Notwendigkeit eines ‚Paradigmenwechsels‘

Blicken wir an diesem Punkt der Untersuchung kurz zurück, läßt sich das Fazit ziehen: Entgegen der seit Generationen üblichen Einschätzung ist in allen drei Evangelienprologen die Überlegenheit der α-Version gegenüber β offensichtlich.

Was war der Grund, daß diese Einschätzung über Jahrhunderte hinweg nicht die Anerkennung der Patristiker fand? Es ist das von BACON (1913) 197ff. gegen BURKITT (s. u.) ins Feld geführte, durch die Autorität DE BRUYNES und HARNACKS zementierte und danach stets wiederholte Verdikt, die „Zusätze" in α seien sekundär aus Hieronymus (*de viris illustribus*) gewonnen[63]. Auch glaubt man für den Lukas-Prolog das griechische Original zu besitzen, das sich – von individuellen Schreibfehlern abgesehen – mit der β-Fassung deckt. Beiden Grundmaximen der patristischen Forschung zu den Evangelienprologen muß entschieden widersprochen werden: Der griechische Lukas-Prolog ist eine späte Übersetzung, die nach einer lateinischen Vorlage der β-Überlieferung vorgenommen wurde. Die α-Tradition bietet nicht fremde Zusätze, sondern die im wesentlichen ursprüngliche Version des anonymen Verfassers der antihäretischen Prologe, die in β nach ökonomischen Gesichtspunkten gekürzt wurde. Der vermeintliche Textüberschuß in α ist nicht aus Hieronymus geholt, vielmehr schöpfen sowohl der anonyme Prolog-Verfasser als auch Hieronymus aus der gleichen lateinischen biographisch-historischen Quelle, die ihrerseits stark aus Euseb gespeist wurde. Diese Thesen sind im folgenden zu begründen.

63　Vgl. Bacon (1922) 139f. DE BRUYNE (1928, 198) markiert im App. zum Johannesprolog den in TXEY (= α) voraufgehenden ersten (biographischen) Teil *Iohannes apostolus, quem Dominus ... diligenter* (s.u.) als Exzerpt aus Hieronymus *De viris illustribus*. HARNACK selbst geht nicht ausdrücklich auf das Verhältnis zu Hieronymus ein, bezeichnet aber die Zeugen TXEY als unzuverlässig („notorisch machen sie Zusätze", S. 810 = [329]) und den zweiten Teil des Mk-Prologs in der Fassung von TXEO (die großenteils mit Hieronymus übereinstimmt, s. S. 21 und 52) als „eine spätere Kompilation aus uns bekannten Quellen" (812 [331] Anm. 5). Er spielt damit auf die entsprechenden Angaben in ZAHNs Excurs II „Zur Lebensgeschichte des Lucas" an, der seinerseits S. 741 zu Zeile 7 den Klammervermerk bietet: „mit längerem Zusatz aus Hier. v. ill. 7", zu Z. 8: „+ großer Zusatz frei nach Hier.", S. 742 zu Z. 18: „+ *in urbe Roma* T nach Hier. v. ill. 7 aus dem Schluß der AG gefolgert". Vgl. REGUL über den Sondertext der spanischen Handschriften mit ihren – wie er sagt – „zahlreiche(n) und oft umfangreichen Zusätze(n), die nahezu ausschließlich aus den Kapiteln 8 und 9 von Hieronymus, De viris illustribus genommen sind", wodurch sich dieser Text als sekundär erweise (35, ferner 37).

III. Der griechische Prolog zum Lukasevangelium – eine späte Übersetzung eines lateinischen β-Exemplars

1. Die communis opinio von der griechischen Urfassung

Die griechische Fassung des Lukas-Prologs gilt seit ZAHN (1913) 13. 730f. 744 unangefochten als die Urfassung, nach der die lateinischen Versionen zu beurteilen seien. Zuvor hatte zumindest e i n Gelehrter, J. CHAPMAN (237), den Text als „(a) Greek translation of the Prologue to Luke" angesehen, weil diese griechische Fassung innerhalb einer Sammlung von Einführungsmaterialien zu den *Acta Apostolorum* überliefert ist, die als eigenhändige Aufzeichnung des „hl. Patriarchen Methodius" ausgewiesen wird (Τοῦτο ἐξ ἰδιοχείρων τοῦ ἁγίου πατριάρχου Μεθοδίου)[64]. Das führte zu der folgenden Erläuterung CHAPMANS: „St. Methodius, Patriarch of Constantinople, visited Rome in the time of Paschal I (817–24), and must have obtained the Prologue to Luke on that occasion". Da CHAPMAN aber nur die (zeitlich späteren) priszillianisch-monarchianischen Prologe untersuchte, nahm er an, Methodius habe den monarchianischen Lukas-Prolog übersetzt und dabei die ihm unverständlichen *Priscilliana* herausgekürzt. Dies war ein verhängnisvoller Irrtum. Denn ZAHN (1913 [1920], 740) konnte mit leichter Ironie darauf verweisen, daß diese vermeintlichen Kürzungen sonderbarer Weise zu einer beinahe wörtlichen Übereinstimmung mit dem antimarkionitischen Lk-Prolog in der hier verhandelten β-Fassung geführt hätten. Das gab ihm Anlaß zu dem folgenden Verdikt: „Die oberflächlichste Vergleichung dieses griech. Textes mit der kürzeren lat. Recension zeigt, daß letztere eine nicht immer geschickte, aber im wesentlichen treue Übersetzung des ersteren ist."[65] Entsprechend apodiktisch äußerte sich HARNACK[66]. Das hat wohl die Späteren davon abgehalten, die Frage neu zu erörtern[67].

---

64 Es handelt sich um den Codex Athen. Ἐθν. Βιβλ. τῆς Ἑλλάδος 91 (Gregory 1828), s. XII. Den ersten Satz des Prologs (ἐστὶν ὁ [ἅγιος (*om.*)] Λουκᾶς Σύρος Ἀντιοχεύς ... πλήρης πνεύματος ἁγίου) hat C. H. TURNER zusätzlich in einer Handschrift des 11. Jh,s (Oxon. Bodl. Misc. Graec. 141) nachgewiesen.

65 ZAHN läßt es offen, woher Methodius („dieser geborene Sicilianer und zeitweilige Legat des Patriarchen von Konstant. am päpstlichen Hof") diesen Text geschöpft hat („ob teilweise aus einem Menologium?"), nimmt aber an, daß die Niederschrift nicht erst beim Rombesuch des Legaten Methodius, sondern „während seiner früheren Lebenszeit als Mönch" erfolgt ist.

66 „Daß hier das Griechische das Original ist, weil es, um Einzelheiten beiseite zu lassen, flüssiger ist als das Lateinische [mit Verweis auf ZAHN 740ff.], hätte CHAPMAN (...) nicht bezweifeln dürfen. Schon die Übersetzung *et tamen* für καὶ δή beweist es" (811 [= 330], Anm. 1). Zuvor hatte sich auch DE BRUYNE (199f.) bereits gegen CHAPMAN gewandt (das Kapitel A ist dort überschrieben: „Le grec est le texte original."

67 Siehe etwa REGUL 15; leise Zweifel äußert er S. 70: „aber die Überlieferung ist so dürftig, daß man beinahe am griechischen Ursprung des Lc-Prologs zweifelt."

Doch trotz eindringlicher Suche habe ich weder bei Zahn noch bei Harnack[68]
(noch in der weiteren Literatur) einen schlüssigen Beweis dafür finden können, daß
die Griechisch-Fassung das Original der lateinischen Prologversion ist, wie sie uns
in dem kürzeren β-Text vorliegt.

> Sehr vorsichtig hatte sich Aberle (1864) 9² zum Joh-Prolog geäußert: „Über
> die U r s p r a c h e des Fragmentes läßt sich nichts sicheres ausmachen. Aller-
> dings lassen die Ausdrücke und Wendungen desselben deutlich eine Ueberset-
> zung aus dem Griechischen durchfühlen. Daraus folgt aber noch nicht, daß
> der Verfasser das Fragment ursprünglich griechisch abgefaßt, und daß es, so
> wie es uns vorliegt, in das Lateinische übertragen worden sei. Der ursprüng-
> liche Verfasser kann recht gut ein Lateiner gewesen sein und das Colorit seiner
> Sprache würde nur die Annahme erfordern, daß er entweder selbst aus Papias
> übersetzt, oder eine bereits vorhandene Uebersetzung desselben benützt habe."
> Das läßt sich auch gegen Harnacks Urteil S. 810 (= 329) Anm. 1 einwenden:
> „Zu *adhuc in corpore constituto* s. Orig. in Matth. ser. 138 (T.V p. 167 ed.
> Lomm.): ἔτι ἐν σώματι καθεστῶτος. Daß das Latein Übersetzung ist, be-
> kräftigt die Parallele; denn *constituto* ist ungelenk, καθεστῶτος nicht." Doch
> findet sich die Junktur *in corpore constitutus* für „im Leib befindlich" oder
> „am Leben seiend" laut digitalisiertem Thesaurus seit Ambrosius mindestens
> 72mal, wird also offenbar nicht als „ungelenk" empfunden – und auch etwa
> von Augustinus für Johannes verwendet: Aug. epist. 199,6,17 [CSEL 57, p.
> 257,21] *non potius ipso* **adhuc** *Iohanne* **in corpore constituto** *dominum sperare-*
> *mus esse venturum?*

Bei geduldiger Prüfung der Abhängigkeitsverhältnisse läßt sich zeigen, daß die griechische Fassung eine Übersetzung aus dem Lateinischen ist.

2. Der Textvergleich: Gr teilt Bindefehler mit späterem β-Abkömmling

Lk β:	Lk Gr (A/B): Τοῦτο ἐξ ἰδιοχείρων τοῦ ἁγίου πατριάρχου Μεθοδίου. Ἀνάπαυσις τοῦ ἁγίου ἀποστόλου Λουκᾶ τοῦ εὐαγγελίστου εἰκάδι τοῦ Σεπτεμβρίου μηνός.
1. *Est quidem Lucas Antiochensis Syrus, arte medicus,* ^	1. Ἔστιν ὁ Λουκᾶς Σύρος Ἀντιοχεύς, ἰατρὸς τῇ τέχνῃ, ^
discipulus apostolorum, postea vero Paulum secutus est usque ad confessionem eius. 2. *serviens Domino sine crimine uxorem numquam habuit, filios numquam procreavit;*	μαθητὴς δὲ ἀποστόλων γενόμενος καὶ ὕστερον Παύλῳ παρακολουθήσας μέχρις τοῦ μαρτυρίου αὐτοῦ. 2. δουλεύσας τῷ κυρίῳ ἀπερισπάστως, ἀγύναιος, ἄτεκνος, πδ' ἔτει ἐκοιμήθη ἐν τῇ

---

68 Das in Anm. 66 zitierte Argument schlägt nicht durch: ein ursprüngliches *et tamen* konnte
ebenso gut vom griechischen Übersetzer durch καὶ δή wiedergegeben werden wie umgekehrt;
s. dazu u. S. 39.

octoginta quattuor annorum obiit in Bithynia plenus spiritu sancto. 3. *igitur cum iam descripta essent evangelia, per Mattheum quidem in Iudaea, per Marcum autem in Italia, sancto instigante spiritu in Achaiae partibus hoc descripsit evangelium,* ^	Βοιωτίᾳ πλήρης πνεύματος ἁγίου. 3. οὗτος ⟨οὖν⟩ προυπαρχόντων ἤδη εὐαγγελίων, τοῦ μὲν κατὰ Ματθαῖον ἐν τῇ Ἰουδαίᾳ ἀναγραφέντος, τοῦ δὲ κατὰ Μάρκον ἐν τῇ Ἰταλίᾳ, οὗτος προτραπεὶς ὑπὸ πνεύματος ἁγίου ἐν τοῖς περὶ τὴν Ἀχαίαν τόποις τοῦτο συνεγράψατο εὐαγγέλιον, ^
5. *significans per principium* ^ *ante suum alia esse descripta,* ^	5. δηλῶν διὰ τοῦ προοιμίου τοῦτο αὐτός, ὅτι πρὸ αὐτοῦ ἄλλα ἐστὶ γεγραμμένα, ^
9. *sed et sibi maximam necessitatem incumbere Graecis fidelibus cum summa diligentia* **omnem** ^	9. καὶ ὅτι ἀναγκαῖον ἦν τοῖς ἐξ ἐθνῶν πιστοῖς τὴν ἀκριβῆ ^
dispositionem **narratione sua** *exponere,* 10. *propterea ne Iudaicis fabulis* **adtenti in solo legis** *desiderio tenerentur, neve haereticis fabulis et stultis* **sollicitationibus** *seducti exciderent a veritate.* 11. *Itaque perquam necessariam statim in principio sumpsit Iohannis nativitatem, qui est initium evangelii, praemissus Domini nostri Iesu Christi, et fuit socius ad perfectionem populi, item inductionem baptismi atque passionis socius.* 12. *Cuius profecto dispositionis exemplum meminit* **Malachiel** *propheta, unus de duodecim.* 13. *Deinde ipse Lucas scripsit actus apostolorum* ^; *post hunc Iohannis evangelista scripsit apocalypsin in insula Pathmos, deinde evangelium* **in Asia.**	τῆς οἰκονομίας ἐκθέσθαι διήγησιν 10. ὑπὲρ τοῦ μὴ ταῖς Ἰουδαϊκαῖς μυθολογίαις [...] περισπᾶσθαι αὐτοὺς μήτε ταῖς αἱρετικαῖς καὶ κεναῖς φαντασίαις ἀπατωμένους ἀστοχῆσαι τῆς ἀληθείας· 11. ὡς ἀναγκαιοτάτην οὖν οὖσαν εὐθὺς ἐν ἀρχῇ προείληφεν τὴν τοῦ Ἰωάννου γέννησιν, ὅς ἐστιν ἀρχὴ τοῦ εὐαγγελίου, πρόδρομος τοῦ κυρίου γενόμενος καὶ κοινωνὸς ἔν τε τῷ καταρτισμῷ τοῦ λαοῦ καὶ τῇ τοῦ βαπτίσματος διαγωγῇ καὶ τῇ τοῦ πάθους κοινωνίᾳ. 12. ταύτης τῆς οἰκονομίας μέμνηται προφήτης ἐν τοῖς δώδεκα. 13. καὶ δὴ μετέπειτα ἔγραψεν ὁ αὐτὸς Λουκᾶς πράξεις ἀποστόλων ^ . ὕστερον δὲ Ἰωάννης ὁ ἀπόστολος [ἐκ τῶν δώδεκα] ἔγραψεν τὴν ἀποκάλυψιν ἐν τῇ νήσῳ Πάτμῳ καὶ μετὰ ταῦτα τὸ εὐαγγέλιον ^ .

2 LXXXIIII] LXXXVIIII ζ: LXXIIII ff∂μ   Bithynia] Boeotia ζηΑΖW   3 igitur] qui μJ3   instigante] - gatus δ   5 significans] sign. etiam ipse μλϑ: sign. ipse J3: sign. etiam F6   ante αμϑ: antea E: ante suum ζη: suum ante OJ3.4: suum antea CDF5–6R1–3   10 adtenti in solo legis om. η   adtenti ... fabulis om. ζϑJ4 (propter homoiotel.)   11 <prae>sumpsit Zahn 742 coll. prol. priscill. (v. Chapman 1908, 220: Ioannis nativitate praesumpta) Iohannis nativitatem FGr: ab Iohannis -tate rell. (necessarium st. principium ... -tate O)   qui Zahn 742 coll. Gr: que codd. lat.   12 Malachiel (-ias α)] Za(c)c(h)arias ζϑO   13 deinde ... scripsit] et tamen postremo scripsit idem Lucas δ   post hunc Ioh. evangelista] postmodum Ioh. apostolus δ   scripsit apocalypsin] descr. primum (-us ϑ) revelationem δ

1 Λουκᾶς Β: ἅγιος Λουκ. Α   Σύρος Ἀντιοχεύς Β: Ἀντ. Σύρ. τῷ γένει Α   τῇ τέχνῃ Β: τὴν τέχνην Α   δέ Β: om. Α   2 πδ' ἔτει Β: ἐτῶν ὀγδοήκοντα τεσσάρων Α   ἐν τῇ Βοιωτίᾳ Β: ἐν Θήβαις τῇ μητροπόλει τῆς Βοιωτίας Α   3 οὗτος ⟨οὖν⟩ Zw. coll. igitur   τόποις Zw.: τὸ πᾶν Α; cf. partibus   5 τοῦτο αὐτός Zw.: τοῦτο αὐτ Α; cf. (etiam) ipse   11 προείληφεν Zahn 742: παρειλήφαμεν Α; v. lat.   λαοῦ Zahn 744: εὐαγγελίου Α; cf. populi et Eph 4,12   διαγωγῇ Α: εἰσαγωγῇ Zahn 744; cf. inductionem vel introductionem   πάθους Zahn 744: πνεύματος Α; cf. passionis   12 nomen prophetae om. Α   13 ἐκ τῶν δώδεκα Α (ludens, cf. 12 ἐν τοῖς δώδεκα): del. Zw. coll. lat.

Zunächst sei festgestellt, daß die uns vorliegende Griechisch-Handschrift A aus dem
12. Jh. einen oftmals korrupteren Text bietet als die lateinischen Fassungen[69]. Das
zu zeigen, genügen die beiden ersten in einer Parallelhandschrift aus dem 11. Jh. (B)
erhaltenen Paragraphen, wo jeweils der Griechisch-Wortlaut von B vorzuziehen ist
(s. den krit. App.). Darüber hinaus sind mindestens sieben weitere Emendationen
notwendig[70], um im Vergleich mit der lateinischen Fassung einen sinnvollen Text
zu garantieren. Doch selbst in dieser bereinigten Form könnte **Gr** nicht am Beginn
der β-Überlieferung stehen, ist vielmehr Ableger einer späteren Entwicklungsstufe
dieser Texttradition. Denn **Gr** teilt bereits mindestens zwei Bindefehler mit unserem frühesten (gleichwohl schon stark korrumpierten) Vertreter des β-Zweiges (**ff**
aus dem Beginn des 5. Jh.s), darunter den Ausfall eines kurzen Kolons, das in den
übrigen β-Vertretern erhalten ist. Diese können das Kolon nicht aus **Gr** bezogen
haben, sondern schöpfen aus einem früheren lateinischen (Hyp-)Archetyp, dessen
Enkel- (oder Urenkel-)Abschrift η, von der **ff** und **Gr** abhängig sind, bereits die
Fehlstelle aufwies (s. o. das erste Stemma). Hier die Vergleichstexte im Detail:

a) Lk-Prol. 10

In § 10 des Lk-Prologs wird die Begründung gegeben, weshalb Lukas nach den anderen Evangelisten auch seinerseits ein Evangelium verfaßte: Er habe sich gedrängt
gefühlt, den aus dem Heidentum kommenden Christen mit äußerster Sorgfalt „die
volle Wahrheit der Taten des Herrn und den ihnen zugrunde liegenden Heilsplan"
in seinem Bericht zu eröffnen, damit die aus dem Heidentum kommenden Proselyten nicht, ihre Aufmerksamkeit auf jüdische Mythologien richtend, sich allein
von dem Verlangen nach dem Gesetz (des AT) fesseln ließen[71], andererseits aber
auch nicht durch häretische Dispute über Streitfragen und törichte Hetzreden verführt die Wahrheit verfehlten (es gehe ihm also um die Abwehr sowohl absolut ge-

---

69　In dem hier gegebenen Zweispaltentext sind – abweichend von der in Anm. 18 beschriebe-
　　nen Praxis, wie sie sonst im Verhältnis von linker zur rechten Spalte geübt wird, gravierende
　　Divergenzen durch Fettdruck des lateinischen Textes hervorgehoben.

70　Auch über sie gibt der Apparat Auskunft; einige von ihnen sind bei HARNACK (1928) 333
　　[= 814]) genannt. Schwerlich zu Recht zieht er S. 331 [= 812] den § 3 überlieferten Wortlaut
　　ἐν τοῖς περὶ τὴν Ἀχαίαν **τὸ πᾶν** τοῦτο συνεγράψατο εὐαγγέλιον als weiteren Beweis für eine
　　antimarkionitische Tendenz heran: Er meint, der vom „Lateiner übergangen(e)" Ausdruck **τὸ**
　　πᾶν τοῦτο ... εὐαγγέλιον sei gegen Markions „Verstümmelung" des Evangeliums gerichtet.
　　M. E. liegt hier ein weiterer Überlieferungsfehler vor: Es ist ἐν τοῖς περὶ τὴν Ἀχαίαν **τόποις**
　　zu schreiben – eine Übersetzung des lateinischen in Achaiae **partibus**; vgl. Plut. Thes. 6,6
　　ἐν δὲ τοῖς περὶ τὴν Ἑλλάδα τόποις. Flav. Ios. ant. Iud. 11,305 τοῖς ἐν Παμφυλίᾳ τόποις
　　ἐπέβαλεν. 2Makk 15,1 ἐν τοῖς κατὰ Σαμάρειαν τόποις.

71　Während Markion das AT (= *lex*) gänzlich ablehnte (vgl. o. Anm. 35), wird hier eine Art
　　Mittelkurs empfohlen, der (nur) die Verabsolutierung des AT für bedenklich erklärt.

setzter jüdischer als auch gnostischer Vorstellungen). Dies ist in der *α*-Überlieferung zweifelsfrei korrekt überliefert, wie ein Vergleich mit den zugrunde liegenden Vorbildperikopen aus den Pastoralbriefen zeigt:

> *α*: ideo *ne Iudaicis fabulis adtenti in solo legis desiderio tenerentur, neve haereticis quaestionibus et stultis sollicitationibus seducti exciderent a veritate*[72].

In der *β*-Tradition führte ein Augensprung von *Iudaicis fabulis* zu *haereticis quaestionibus* dazu, daß an die Stelle des erlesenen, einzig richtigen *quaestionibus*[73] die matte Wiederholung *fabulis* trat. Infolgedessen lesen wir in einer Großzahl der *β*-Handschriften die folgende Fassung:

> *β* (*x* J3.4 ZWH): propterea *ne Iudaicis fabulis adtenti in solo legis desiderio tenerentur, neve haereticis fabulis et stultis sollicitationibus seducti exciderent* (in einigen Hss *-ced-*) *a veritate*.

Diese rief in einem zweiten Schritt bei einer Reihe von Kodizes einen weiteren Augensprung hervor, diesmal von *fabulis* zu *fabulis*, was den Ausfall des im anschließenden Zitat eingeklammerten Textsegments [...] zur Folge hatte:

> *β* (ζϑJ4) propterea *ne Iudaicis fabulis* [*adtenti in solo legis desiderio tenerentur, neve haereticis fabulis*][74] *et stultis sollicitationibus seducti exciderent* (in einigen Hss *-ced-*) *a veritate*.

Die charakteristische *β*-Verschreibung *fabulis* an Stelle von *quaestionibus* hat ihren Niederschlag auch in der griechischen Fassung gefunden (s. den Text gleich anschließend). Das doppelte *fabulis ... fabulis* ist in **Gr** durch μυϑολογίαις ... φαντασίαις wiedergegeben – ein Versuch, sinngemäß zu variieren. Wäre **Gr** der

---

72 Vgl. Tit 1,14 *non intendentes Iudaicis fabulis et mandatis hominum aversantium se a veritate*; 2Tim 2,18 *qui a veritate exciderunt*.

73 Siehe 1Tim 6,3f. *si quis non acquiescit sanis sermonibus Domini nostri Iesu Christi et ei quae secundum pietatem est doctrinae: superbus est, nihil sciens, sed languens circa* **quaestiones** *et pugnas verborum* (περὶ **ζητήσεις** καὶ λογομαχίας); 2Tim 2,23 **stultas** *autem et sine disciplina* **quaestiones** *devita, sciens quia generant lites* (τὰς δὲ **μωρὰς** καὶ ἀπαιδεύτους **ζητήσεις** παραιτοῦ, εἰδὼς ὅτι γεννῶσιν μάχας); Tit 3,9 **stultas** *autem* **quaestiones** *et genealogias et contentiones et pugnas legis devita. sunt enim inutiles et vanae* (**μωρὰς** δὲ **ζητήσεις** καὶ γενεαλογίας καὶ ἔριν καὶ μάχας νομικὰς περιΐστασο, εἰσὶν γὰρ ἀνωφελεῖς καὶ μάταιοι).

74 Dieser Fehler hatte sich auch in der frühen italienischen *β*-Handschrift I2 (saec. VI²) eingestellt. Der Ausfall wurde aber später (vermutlich bei der im ersten Viertel des 8. Jh.s durchgeführten Restaurierung der gesamten Handschrift) nachgetragen (s. Regul 22 und 31).

Ursprung der lateinischen Prologfassungen, hätte der lateinische Übersetzer die beiden Begriffe niemals in doppeltes *fabulis* umgesetzt, zumal die Wiederholung schal
und kraftlos wirkt. Die Doppelung wird nur verständlich, wenn man sie – wie oben
erläutert – als einen auf mechanischem Wege zustandegekommenen Irrtum in der
l a t e i n i s c h e n Texttradition begreift. Damit ist die These vom „griechischen
Original", das uns in **Gr** greifbar werde, stark erschüttert. Sie wird endgültig widerlegt durch den folgenden Bindefehler, den **Gr** mit dem frühesten Vertreter der
β-Tradition teilt:

> **ff**: *propterea ne Iudaicis* fabu̲l̲i̲s̲ [*adtenti in solo* l̲e̲g̲i̲s̲] *desiderio tenerentur, neve*
> *haereticis fabulis et stultis sollicitationibus seducti excederent a veritate.*
> **Gr**: ὑπὲρ τοῦ μὴ ταῖς ιουδαικαῖς μυθολογίαις [...] περισπᾶσθαι αὐτούς,
> μήτε ταῖς αἱρετικαῖς καὶ κεναῖς φαντασίαις ἀπατωμένους ἀστοχῆσαι τῆς
> ἀληθείας[75].

Gr hat gemeinsam mit **ff** das Kolon *adtenti in solo legis* unberücksichtigt gelas-
sen. Grund für den Ausfall war die Buchstabenähnlichkeit von *fabulis/legis*, die in
der l a t e i n i s c h e n Fassung η zu einem Augensprung führte. Der auf diese
Weise mechanisch verkürzte Text läßt keine andere Wahl, als den verbliebenen Ver-
balausdruck *desiderio tenerentur* mit *Iudaicis fabulis* zu verbinden, obwohl *desiderio* an sich einen Genitiv verlangt. Der griechische Übersetzer behilft sich damit,
daß er *desiderio tenerentur* zu περισπᾶσθαι („hin und her gezerrt werden") zusam-
menzieht. Dieses absolut stehende Verb läßt sich nun passend mit dem Dativ
ιουδαικαῖς μυθολογίαις verbinden. Aber nur der Kenner des originalen lateinischen
Textes kann aus diesem Verb erschließen, daß es soviel wie „<in Sehnsucht (oder
Verlangen nach> ... hin und hergezerrt werden" zum Ausdruck bringen soll. Wäre
der griechische Text die Ursprungsquelle, hätte ein lateinischer Übersetzer aus dem
bloßen Verb περισπᾶσθαι nicht die Junktur *desiderio teneri* gewinnen können.
Gänzlich unerklärlich bliebe die Herkunft des in α und β (ausgenommen **ff**) einhellig bezeugten Textfragmentes *adtenti in solo legis*, das nicht für sich stehen kann,
vielmehr zweifelsfrei Bestandteil des ursprünglichen lateinischen Textes war, wie
die oben gegebene Paraphrase und Erläuterung zeigt. Zu der anspruchsvollen Aus-
drucksweise *ne* I̲u̲d̲a̲i̲c̲i̲s̲ ̲f̲a̲b̲u̲l̲i̲s̲ ̲a̲d̲t̲e̲n̲t̲i̲ *in solo* l e g i s d e s i d e r i o t̲e̲n̲e̲r̲e̲n̲t̲u̲r̲ (sc.
Graeci fideles) sei zusätzlich auf die folgenden Stellen verwiesen:

---

75 Eph 5,6 Μηδεὶς ὑμᾶς ἀ̲π̲α̲τ̲ά̲τ̲ω̲ ̲κ̲ε̲ν̲ο̲ῖ̲ς̲ ̲λ̲ό̲γ̲ο̲ι̲ς̲; 1Tim 6,20 ἐκτρεπόμενος τὰς βεβήλους
κ̲ε̲ν̲ο̲φ̲ω̲ν̲ί̲α̲ς̲ καὶ ἀντιθέσεις τῆς ψευδωνύμου γνώσεως, ἥν τινες ἐπαγγελλόμενοι π̲ε̲ρ̲ὶ̲ ̲τ̲ὴ̲ν̲
π̲ί̲σ̲τ̲ι̲ν̲ ̲ἠ̲σ̲τ̲ό̲χ̲η̲σ̲α̲ν̲. 2Tim 2,16.

Vulg. Apg 21,19f. Paulus berichtet in Jerusalem Jakobus und den Presbytern, was Gott unter den Heiden [ἐν ἔϑνεσιν] durch seinen Dienst gewirkt hat. Darauf antworten diese: „Du siehst, Bruder, wie viele Tausende von gläubig gewordenen Proselyten es unter den Juden gibt, und sie alle sind Eiferer für das Gesetz" (πόσαι μυριάδες εἰσὶν ἐν τοῖς Ἰουδαίοις τῶν πεπιστευκότων, καὶ πάντες ζηλωταὶ τοῦ νόμου ὑπάρχουσιν). Besondere Beachtung verdient in diesem Zusammenhang die Einleitung zu Eusebs *Praeparatio evangelica*, wo der Verfasser seine propädeutische Methode rechtfertigt, die er gegenüber potentiellen griechischen und jüdischen Proselyten anzuwenden gedenkt, so etwa 1,1,12: στοιχειώσεως καὶ εἰσαγωγῆς ἐπέχοντα τόπον καὶ τοῖς ἐξ ἐϑνῶν ἄρτι προσιοῦσιν ἐφαρμόττοντα (also „heidnischen Proselyten angemessen"). Dort läßt er auch die Frage stellen, welche Strafen jene zu gewärtigen hätten, die ihre heidnischen (oder barbarischen) Riten aufgeben und stattdessen eifernde Anhänger der fremdartigen und von allen verleumdeten jüdischen Mythologien werden (1,2,3): ποίαις δ' οὐκ ἂν ἐνδίκως ὑποβληϑεῖεν τιμωρίαις οἱ τῶν μὲν πατρίων φυγάδες, τῶν δ' ὀϑνείων καὶ παρὰ πᾶσι διαβεβλημένων <u>Ἰουδαϊκῶν μυϑολογημάτων</u> γενόμενοι ζηλωταί; schließlich

Eus. in Jes 2,48 (p. 364,1 Ziegler [GCS Eusebius IX]) οἱ δ' εἰς ἄχρηστον «<u>ταῖς Ἰουδαϊκαῖς μυϑολογίαις</u>» κατατρίβοντες πλέον οὐδὲν ἢ τὸν τῆς ʽἀράχνης' ζηλοῦσιν ʽἱστὸν' ἐπὶ ϑήρᾳ ψυχῶν εὐτελῶν τῶν <u>ἁλισκομένων ὥσπερ ἐν βρόχοις ἐν ταῖς μυϑολογίαις αὐτῶν.</u>

„Die aber, die sich zum Verderben mit den jüdischen Mythologien abgeben, tuen nichts anderes, als das Netzgewebe der Spinne nachzuahmen bei der Jagd nach wohlfeilen Seelen, die wie durch Fesseln in ihren Mythologien gefangen werden."

Das zweite *fabulis* in dem β-Kolon *haereticis fabulis et stultis sollicitationibus* gibt **Gr** durch φαντασίαις wieder und ordnet diesem Substantiv beide Attribute (αἱρετικαῖς καὶ κεναῖς) zu, ohne *sollicitationibus* zu berücksichtigen. Auch hieraus ergibt sich wieder der zwingende Schluß, daß **Gr** nicht der Ausgangspunkt der Überlieferung sein kann; denn es gäbe keinen Weg, die Existenz des in *a* und in den lateinischen β-Zeugen einhellig überlieferten *sollicitudinibus* plausibel zu erklären. Auch die Wahl des Begriffes φαντασίαις für *fabulis* selbst scheint ein Notbehelf (vielleicht meint der Grieche so etwas wie „leere Hirngespinste"). Als früheste sprachliche Parallele muß wohl ein Passus aus Ps.-Athanasius gegen die Sabellianer gelten (um 358–360)[76]: Ps.-Athan. contra Sabell. PG 28, 113 B »Εἶπεν ἄφρων ἐν καρδίᾳ αὐτοῦ· Οὐκ ἔστι Θεός.» Ἄφρονες ὡς ἀληϑῶς οἱ τοιοῦτοι, κ ε ν α ῖ ς φ α ν τ α σ ί α ι ς ἑαυτοὺς π α ρ α λ ο γ ι ζ ό μ ε ν ο ι („die sich mit leeren Hirngespinsten selbst betrügen").

---

76 Diese Datierung geht auf R. HÜBNER (1989) 249–251 zurück.

b) Lk-Prol. 12 und 13

In § 12 (*cuius profecto dispositionis exemplum meminit* **Malachiel** *propheta, unus de duodecim*) hat **Gr** den Namen des Propheten ausgelassen. Er lautet *Malachias* in *α*, *Malachiel* in **ff** und *ε* (außer O), *Za(c)charias* in *ζϑO*[77]. Es kann nicht gänzlich ausgeschlossen werden, daß der Ausfall des Namens in **Gr** erst im Verlauf der Überlieferung des griechischen Textes erfolgt ist; doch wäre dies im Hinblick auf die sonstigen Überlieferungsverhältnisse eine bloße Hilfskonstruktion. Nur bei Gültigkeit dieser Hilfskonstruktion könnte angenommen werden, daß die Urfassung von **Gr** noch den Namen *Malachias* oder *Malachiel* geboten hätte, und somit die Möglichkeit bestände, daß **Gr** die Quelle der lateinischen Version wäre.

Die analoge Folgerung gilt für den Ausfall der abschließenden Ortsangabe *in Asia* (§ 13), die auf Seiten der lateinischen Zeugen einhellig überliefert ist. Doch muß dieser Schlußparagraph als Ganzes etwas näher betrachtet werden. Die ursprüngliche Version findet man wieder in *α* vor. Sie zeichnet sich u.a. dadurch aus, daß mit jeder der drei genannten neutestamentlichen Schriften (Apg, Apk, Joh) der Abfassungsort (*in urbe Roma, in insula Pathmos, in Asia*) verbunden wird:

> (**1**) *Deinde ipse* L u c a s *scripsit actus apostolorum in urbe Roma; post* hunc I o -
> h a n n e s **evangelista** *scripsit apocalypsin in insula Pathmos, post* evan-
> gelium in Asia.

(**2**) Die gleiche Fassung, außer daß die Ortsangabe *in urbe Roma* ausgelassen und *post ev.* durch *deinde ev.* ersetzt ist, überliefert der produktivste Hyparchetyp der β-Kurzfassung: *ε* (= *κλμ*)[78].

(**3**) Auf den Hyparchetypus *δ* dagegen geht der folgende Text zurück (zur Abweichung von **ff** s. anschließend):

> *Et tamen postremo scripsit* idem L u c a s *actus apostolorum* ^ ; *postmodum* I o -
> h a n n e s **apostolus** de*scripsit* primum (-us LM) revelationem *in insula*
> Pathmos, deinde *evangelium in Asia.*

Dem entspricht die griechische Version (allerdings unter Auslassung des Schlußes *in Asia* und Wegfall des reihenden Adverbs *primum*):

---

[77] O² bietet *malachias* (ebenso F5²), vermutlich Varianten, die letztlich in *α* wurzeln; I2² dagegen
     malachiel (in marg.).

[78] Von den Hss dieses Überlieferungszweiges hat allein O das Kolon *in urbe Roma* bewahrt – ein
     Kodex, der auch sonst gelegentlich *α*-Einfluß erkennen läßt.

(3b) <u>καὶ δὴ μετέπειτα</u> ἔγραψεν <u>ὁ αὐτὸς</u> Λουκᾶς πράξεις ἀποστόλων ^ .
<u>ὕστερον δὲ</u> Ἰωάννης *ὁ ἀπόστολος* [ἐκ τῶν δώδεκα][79] ἔγραψεν τὴν
ἀποκάλυψιν ἐν τῇ νήσῳ Πάτμῳ <u>καὶ μετὰ ταῦτα</u> τὸ εὐαγγέλιον ^ .

(3c) Der Schreiber unseres frühesten Kodex (**ff**) hat den ersten Satz *et tamen ...
apostolorum* ausgelassen[80], am Ende aber im Anschluß an *Asia* die verkürzte Version *item* [= <u>*idem*</u>] *Lucas scripsit actus apostolorum* nachgetragen. Mit **Gr** verbindet ihn der Ausfall des gliedernden *primum* (statt *revelationem* bietet er die griechische Form *apocalypsin*). Dadurch wird auch an dieser Stelle wieder ein besonde-
res Geschwisterverhältnis zwischen **ff** und **Gr** (also die Abkunft von der gemeinsamen Mutterhandschrift η) begründet.

Nun besagen aber schon die Gesetze der Stemmatik, daß bei Übereinstimmung
von *α* mit einem der Hyparchetypi[81] von *β* die Urfassung gefunden ist. Sie wird aus
inneren Gründen bestätigt: ***ipse*** *Lucas* korrespondiert mit dem folgenden *post* **hunc**
Iohannes. Das stattdessen in δ eingesetzte *idem* (= ὁ αὐτός) paßt im Zusammenhang
nicht, weil dort Lukas als Person über einen längeren Abschnitt hin nicht benannt
war. Die Anknüpfung dieses Schlußabschnittes mit dem donnernden Einsatz *et
tamen postremo* kann man sich schon deshalb nicht gefallen lassen, weil nach *p o s -
t r e m o* nicht weitere Unterteilungen wie *postmodum – primum – deinde* folgen
können. Der griechische Übersetzer hat dies durch καὶ δὴ μετέπειτα zu entschärfen
gesucht; aber auch seine Abfolge καὶ δὴ μετέπειτα – ὕστερον – καὶ μετὰ ταῦτα
erreicht nicht die Eleganz des lateinischen Originals.

Doch können wir von diesen stilistischen Erwägungen ganz absehen: Es steht
fest, daß von der griechischen Fassung (3b) aus kein Weg zur Urfassung (1) führt.
Vielmehr bildet die lateinische Version (1 = *α*) den Ausgangspunkt; sie wird in dem
kürzeren β-Text zunächst nur leicht zu der Version (2 = ε) abgewandelt (Ausfall von
in urbe Roma und Ersetzung von *post* durch *deinde*); danach erfolgt ein stärkerer
Eingriff (3 = δ), der in dieser Form an ζ und ϑ weitergegeben wurde. Auch der
δ-Abkömmling η bot diesen Text, hatte jedoch bei der Abschrift versehentlich das
gliedernde *primum* ausgelassen. Dieses fehlt sowohl in **Gr** wie in **ff**. Damit ist ein
weiterer sicherer Bindefehler entlarvt, der beweist: **Gr** ist nicht die „Originalfas-
sung", sondern die griechische Übersetzung einer späteren (über mindestens vier
Zwischenstufen vermittelten) Textform (η) der ursprünglich lateinisch abgefaßten
Prologe.

---

79 ἐκ τῶν δώδεκα ist vom späten Griechen (vielleicht erst im Kodex A der griechischen Version)
    spielerisch mit Blick auf § 12 (προφήτης ἐν τοῖς δώδεκα) hinzugesetzt.

80 Stand in der Vorlage das folgende *postmodum* unter *postremo*, so daß sich ein Augensprung
    ergab?

81 Oder „Subhyparchetypi", wenn dieser hybride Begriff gestattet wird.

c) Lk-Prol. 9

Zu dem soeben Ausgeführten stimmt der Befund in § 9: Der *a*-Version

> **significans per principium eius** maximam necessitatem incumbere Graecis fide-
> libus cum summa diligentia omnem **veritatem**[82] **gestorum dominicorum** dis-
> positionem**que** suae narrationis exponere

stehen gegenüber die lateinische und die griechische *δ*-Fassung:

> <u>sed et sibi</u> maximam necessitatem incumbere Graecis fidelibus cum summa diligen-
> tia omnem   ^   dispositionem <u>narratione sua</u> exponere[83]
> καὶ ὅτι ἀναγκαῖον ἦν τοῖς ἐξ ἐθνῶν πιστοῖς τὴν ἀκριβῆ   ^   τῆς οἰκονομίας
> ἐκθέσθαι διήγησιν.

Der lateinische Redaktor hat den syntaktischen Hiat, der hinter <u>omnem</u> durch
Ausfall von *veritatem gestorum <u>dominicorum</u>* (Augensprung) eingetreten war, zu be-
heben versucht, also das sinnlos gewordene *-que* getilgt. Der Grieche setzte den
Adverbialausdruck *cum summa diligentia* in das Attribut τὴν ἀκριβῆ um. Seine
Übersetzung entspricht einem lateinischen Muster nach Art von *cum summa diligentia dispositionis exponere narrationem.* Er hat also das beziehungslos stehende
omnem übergangen. Wäre die Griechischfassung der Urtext, bliebe das von den
Lateinern einhellig überlieferte *omnem* unerklärlich. Der Genitiv (*dispositionemque*)
<u>suae narrationis</u> (*exponere*) in der *a*-Version statt der *β*-Fassung (*dispositionem*) *nar-
ratione sua* (*exponere*) ist eine irrtümliche Angleichung an das voraufgehende Kolon
mit dem Genitiv (*omnem veritatem*) <u>gestorum dominicorum</u>. Vor diesem Irrtum war
die *β*-Überlieferung nach Ausfall des Kolons *veritatem gest. dom.* gefeit.

d) Lk-Prol. 11

Einen wirklichen Gewinn bringt **Gr** in § 11. Dort überliefern alle lateinischen Hss
außer F und O den folgenden verderbten Text: *Itaque perquam necessari<u>am</u> statim
<u>in principio</u> sumpsit **ab Iohannis** nativitat<u>e</u>*, eine aus *necessari<u>um</u> statim principi-
um*[84] *sumpsit **ab Iohannis** nativitat<u>e</u>* (so O [Konjektur?]) und *necessari<u>am</u> statim <u>in
principio</u> sumpsit **Iohannis** nativitat<u>em</u>* (so F) kontaminierte, hybride Formulierung.

---

82 Vgl. Joh 16,13 *cum autem venerit ille Spiritus veritatis docebit vos in o m n e m   v e r i t a t e m*;
    Euagr. Gall. alterc. 3 (lin. 130 [CC 64]) *postea adultus cum doceret et o m n e m   v e r i t a t e m
    D e i   demonstraret*.
83 Zur Überlieferung des ganzen Passus s.o. Anm. 17.
84 Im Anschluß an *statim* war *in* höchst gefährdet, durch Haplographie unterzugehen. Das zog
    die weiteren Angleichungen nach sich.

Die Lesart von F scheint auch **Gr** vor Augen gehabt zu haben; denn die griechische Fassung lautet: ὡς ἀναγκαιοτάτην οὖν οὖσαν εὐθὺς <u>ἐν ἀρχῇ</u> παρειλήφαμεν <u>τὴν τοῦ Ἰωάννου γέννησιν</u>. Unverständlich bleibt das Verb. ZAHN (742) vermutet sehr ansprechend: „vielleicht aus προείληφεν entstanden",[85] und verweist auf die monarchianisch-priszillianische Version (s. CHAPMAN 1908, 220): *dehinc ut in principio, Ioannis nativitate **prae**sumpta, cui evangelium scriberet, et in quo electus scriberet, indicaret, contestificans in se completa esse quae essent ab aliis inchoata.* Es spricht viel für die leicht verbesserte F-Lesart *itaque perquam necessariam statim in principio <prae>sumpsit Iohannis nativitatem* („daher stellte er gleich zu Beginn die <Erzählung von der> Geburt des Johannes als ein <heilsgeschichtlich> überaus wichtiges Ereignis <dem Bericht über das Jesus-Geschehen> voran" [„denn Johannes ist der Beginn der Frohbotschaft, der Vorausgesandte unseres Herrn Jesus Christus", etc.]). Die Praeposition konnte nach ***prin**cipio* und vor dem wenig später folgenden ***prae**missus* leicht verloren gehen. Sicher richtig ist dann das unmittelbar auf τὴν τοῦ Ἰωάννου γέννησιν folgende Relativpronomen ὅς (ὅς ἐστιν ἀρχὴ τοῦ εὐαγγελίου, πρόδρομος τοῦ κυρίου γενόμενος etc.) das in allen lateinischen Hss fälschlich an das unmittelbar voraufgehende *nativitatem* angeglichen wurde (*que* statt *qui*).

Überblickt man den ganzen Abschnitt 8–12, sieht man, daß der Verfasser offenbar bewußt mit der rhetorisch wirksamen Wiederaufnahme von Stichwörtern arbeitet, s. *per principium* (9) – *in principio* – *initium* (11), *maximam necessitatem* (9) – *perquam necessariam* (11), *omnem veritatem* (9) – *a veritate* (10), *dispositionemque* (9) – *dispositionis* (12), ***prae**sumpsit* – ***prae**missus* (11), *socius – socius* (11). Die letztgenannte Entsprechung ist ein klassisches Exempel für die klammernde ‚redditio' bzw. den syntaktischen ‚Kyklos' mit innerem Chiasmus[86].

e) Lk-Prol. 3 und 2

Es bleiben noch zwei Stellen aus dem Anfangsbereich des Prologs zu besprechen[87]: In § 3 setzen beide Hyparchetypi *a* und *β* mit *igitur cum iam descripta essent evangelia* ein. **Gr** dagegen hat οὗτος προυπαρχόντων ἤδη εὐαγγελίων (das Demonstrativpronomen wird nach Abschluß des breiten Gen. abs. analeptisch wiederholt). Es

---

85 Sein späterer Versuch (744), dieses παρειλήφαμεν als Äquivalent zu *didicimus* oder *cognovimus* mit Blick auf Iren. haer. 3,14,3 zu halten, scheint nicht überzeugend (Irenäus sagt dort über Lukas: *plurima enim et magis necessaria evangelii per hunc cognovimus, sicut Ioannis generationem* etc. und weiter: *omnia huiusmodi per solum Lucam cognovimus et plurimos actus domini per hunc didicimus*).

86 Siehe H. LAUSBERG, Elemente der literarischen Rhetorik, München ²1963, 87 (§ 262,1); vgl. ders., Handbuch der literarischen Rhetorik, München ²1973, 317 (§ 626–627). Der Anonymus ist also in der Rhetorik geschult.

87 Das übrige klärt der kritische Apparat.

ist vermutlich οὗτος ⟨οὖν⟩ zu schreiben. Wäre **Gr** der Archetypus, hätte der Lateiner als Übersetzung mit großer Wahrscheinlichkeit relativen Satzanschluß gewählt (*qui cum*), wie er in *μ* eingeführt wurde. Als Übersetzer dagegen konnte **Gr** das ein wenig auffällige *igitur cum* ebenso gut durch οὗτος ⟨οὖν⟩ wiedergeben, wie *μ* seine Vorlage zu *qui cum* abgewandelt hat.

Auf § 2 führt uns schließlich ZAHN zurück, der in diesem Segment ein Indiz für die Priorität des Griechen sehen zu können meinte:

> *serviens Domino sine crimine uxorem numquam habuit, filios numquam procrea-*
> *vit; octoginta quattuor annorum obiit in Bithynia plenus spiritu sancto.*
> δουλεύσας τῷ κυρίῳ ἀπερισπάστως, ἀγύναιος, ἄτεκνος, πδ' ἔτει ἐκοιμήθη
> ἐν τῇ Βοιωτίᾳ πλήρης πνεύματος ἁγίου.

ZAHN (743) hat überzeugend die Interpunktion des Passus geklärt und diesen dann wie folgt erläutert: „Das ‚dem Herrn dienen‘, welches dem Lc nachgerühmt wird, ist nicht nur nicht mit seiner Begleitung des Pl gleichzeitig gedacht, sondern hat auch mit dieser unmittelbar gar nichts zu schaffen. Es handelt sich um ein das ganze Leben des Lc von seiner Bekehrung bis zu seinem Tode ausfüllendes ‚dem Herrn Dienen‘, wozu er sich durch Verzicht auf Ehestand und Kindersegen besonders geschickt gemacht hat."[88] Anschließend sucht ZAHN diesen Textpassus als Beweis für seine These heranzuziehen, „daß G nicht Übersetzung des lat. Prologs ist, sondern umgekehrt": „Welcher Grieche hätte aus dem farblosen *sine crimine* das malerische ἀπερισπάστως des Pl (1 Kr 7,35) gewinnen können! Dagegen ist *servire domino sine crimine* wenigstens keine schlechtere Wiedergabe als das *sine impedimento dominum obsecrandi* der Vulg." Nein! Die Vulgata zeigt, daß man das sehr konkrete (πρὸς τὸ εὔσχημον καὶ εὐπάρεδρον τῷ κυρίῳ) ἀ π ε ρ ι σ π ά σ τ ω ς des Paulus ebenso konkret durch (*ad id, quod honestum est et facultatem praebeat*) s i n e   i m p e d i m e n t o (*Dominum obsecrandi*) übersetzt hätte. Wer aber ein allgemein-abstraktes *serviens Domino* **sine crimine** mit <u>*uxorem numquam habuit, filios numquam procrea-*</u><u>*vit*</u> vor sich sah, konnte sich leicht an den größeren Zusammenhang der Ständeunterweisungen von 1 Kor 7,25–40 erinnern, in denen ausführlich die Frage erörtert wird, ob man heiraten oder besser ledig bleiben solle, um frei zu sein für den Dienst des Herrn (7,25 *solutus es ab uxore? noli quaerere uxorem*; 32 *volo vos sine sollicitudine esse. qui sine uxore est, sollicitus est quae Domini sunt, quomodo placeat Deo*). Das

---

88 Vgl. noch S. 16: „Von einer aus asketischer Denkweise zu erklärenden Abneigung gegen die Ehe, wie sie in häretischen, aber auch in katholischen Kreisen und Schriften schon des 2. Jahrhunderts, besonders in den Apostellegenden und auch in dem gewöhnlichen Prolog zum Ev des Jo (Wordswoth I, 485) uns entgegentritt, zeigt sich keine Spur. Die dem Lc zugeschriebene Ehelosigkeit und Kinderlosigkeit kommt hier nur als eine Erleichterung seiner völligen Hingabe an den Beruf eines Dieners Christi, eines Predigers des Ev in Betracht."

konnte dann ohne weiteres dazu führen, *sine crimine* konkreter durch das in 7,35 begegnende Stichwort ἀπερισπάστως wiederzugeben. Es kommt ja hinzu, daß in einem parallelen Ständekatechismus das Stichwort *filios procreare* auftaucht[89]. Der Grieche wurde also durch seine lateinische Vorlage auf zwei Katechismen verwiesen, die inhaltlich miteinander verbunden waren und so den Blick auf 1Kor 7,35 lenken konnten. Nicht zuletzt erinnert der lateinische Wortlaut der Würdigung des Paulus-Begleiters Lukas an Tit 1,6f., wo eben dieser Paulus seinem jugendlichen Begleiter Titus, den er in Kreta zurückgelassen hat, Regeln für die rechte Wahl von Presbytern formuliert:

> Tit. 1,6–8 *si quis* **sine crimine** *est* unius uxoris vir filios habens fideles *non in accusatione luxuriae aut non subditos. 7. oportet enim* e p i s c o p u m **sine crimine** *esse sicut Dei dispensatorem non superbum non iracundum non vinolentum non percussorem non turpilucri cupidum, 8. sed hospitalem benignum sobrium iustum sanctum* c o n t i n e n t e m.

> „(Presbyter von folgender Art:) wenn einer unbescholten ist, Mann einer einzigen Frau, Vater gläubiger Kinder, die nicht der Ausschweifung bezichtigt werden und mangelnder Unterwürfigkeit. Es muß nämlich der Bischof untadelig sein ganz wie ein Hausverwalter Gottes: nicht hochmütig, zum Zorne neigend, trunksüchtig, gewalttätig, gierig nach schändlichem Gewinn, sondern gastfreundlich, gütig, nüchtern, gerecht, heilig, enthaltsam."

Diese Textperikopen aus dem Korintherbrief und den Pastoralbriefen haben den Verfasser des lateinischen Prologs für sein Lukas-Porträt inspiriert. Alle drei Stellen sind durch Assoziationsbrücken miteinander verbunden. Diese haben dem griechischen Übersetzer die Wiedergabe von *sine crimine* durch ἀπερισπάστως nahegelegt[90].

3. Sachliche Klärungen

Im Verlauf der vorangegangenen Untersuchungen konnte der lateinische Urtext gesichert und die griechische Version als späte Übersetzung entlarvt werden, der ein lateinischer Zeuge der Urenkelgeneration (η) zur Grundlage diente. Die Präzisierung des Textes und des Ganges der Überlieferung wirft auch einen sachlichen Gewinn ab: Der „A p o s t e l" J o h a n n e s als Verfasser von Apk und Joh-Ev. ist erst auf der dritten Überlieferungsstufe in einen der Hyparchetypi (δ) des Lukas-Prologs eingedrungen (§ 13). Der durch die Übereinstimmung von *a* und ε

---

89 1Tim 5,14 *volo ergo iuniores (feminas) nubere,* filios procreare, *matresfamilias esse.*

90 Das Kolon δουλεύσας τῷ κυρίῳ ἀπερισπάστως findet sich später wörtlich bei Ps.-Chrys. serm. in Petr. et Paul. PG 59, 494, lin. 60 ὁ δουλεύσας τῷ Κυρίῳ ἀπερισπάστως.

sicher konstituierte Text der Urfassung schreibt beide Schriften dem E v a n g e -
l i s t e n Johannes zu. Freilich sind Apostel und Evangelist gemäß dem Eingang des
Joh-Prologs identisch. Nimmt man die Paragraphen 1 (*Iohannes apostolus, quem
Dominus Iesus amavit plurimum*) und 4 (*hoc igitur evangelium … manifestatum et datum est ecclesiis in Asia* **a Iohanne adhuc in corpore constituto**) zusammen, erkennt
man die Anspielung an die Perikope des Lieblingsjüngers Jesu, von dem es gemäß
dem später hinzugefügten Kapitel 21 des Johannesevangeliums (Joh 21,20–24)
hieß, er werde nicht sterben, bis der Herr wiederkomme, und der dort nachträglich
als Verfasser und Garant des Johannesevangeliums eingeführt wird. Eine historisch
verwertbare Quelle liegt hier nirgends vor; es handelt sich um legendenhafte Aus-
schmückungen, die auch der im Joh-Prolog zitierte Papias weitergegeben hat, dessen Mitteilungen ihrerseits u. a. von Euseb verwertet wurden[91], s. etwa (in Rufins
Übersetzung aus dem Jahr 402/403): Rufin. hist. 3,23,1 *In his* **superstes adhuc**
apud Asiam demorabatur ipse ille, quem amabat Dominus Iesus, apostolus simul atque
evangelista **Iohannes**, *ecclesiarum quae inibi erant gubernacula regens, post Domiti-
ani, ut diximus, obitum regressus ex insula*; vgl. (um das Jahr 398) Hier. in Matth.
praef. lin. 39 [CC 77] *ultimus* **Iohannes** apostolus et evangelista, quem Iesus amavit
plurimum, *qui super pectus domini recumbens purissima doctrinarum fluenta potavit.*

   Weitere sachliche Berichtigungen ergeben sich aus § 2 des Lk-Prologs: Der Ster-
beort des Lukas liegt nicht in B ö o t i e n (so $\zeta\eta$), sondern in B i t h y n i e n (so a
und $\varepsilon\vartheta$)[92]; und Lukas ist nach Auffassung des Anonymus nicht mit 74 (so **ff** $\vartheta\mu$),
sondern mit 84 Jahren gestorben (so wieder a und viele β-Hss: **Gr**$\varkappa\lambda$), während ζ
die Verschreibung 89 bietet (von I2^2 korrigiert).

---

91 Zur Diskussion über den griechischen Klang der Formel *adhuc in corpore constituto* s. S. 32.
92 Der geborene ‚Antiochensis Syrus' stirbt also konsequenterweise in dem geographisch
    benachbarten Bithynien. Das problematische Böotien scheint ein Versuch, den Sterbeort
    mit der anschließenden Nachricht zu harmonisieren, daß Lukas sein Evangelium *in Achaiae
    partibus* niedergeschrieben habe. Also Lk in Achaia wie Mt in Iudaea, Mk in Italien und
    Joh in Kleinasien! Böotien ist ohne erkennbare Funktion, denn selbst in den späteren
    Legenden von einer Überführung des Lukas nach Konstantinopel erscheint nicht Böotien
    als Ausgangspunkt, sondern das in Achaia liegende Patras (s. ZAHN 19 mit Anm. 34). Beide
    Länder sind kombiniert im Vorwort des Hieronymus zu seinem Mt-Kommentar (verfaßt
    im Jahr 398), s. CC 77, praef. lin. 35 *Lucas medicus natione Syrus Antiochensis, cuius laus in
    evangelio, qui et ipse discipulus apostoli Pauli i n A c h a i a e B o e t i a e q u e p a r t i b u s
    volumen condidit.* Vom Sterbeort ist hier nicht die Rede. Aber die merkwürdige Kombination
    deutet darauf hin, daß Hieronymus im Jahre 398 Kenntnis von beiden Varianten hatte (s.
    ZAHN 17 Anm. 31). Dies ist nicht verwunderlich; denn zu dieser späten Zeit hatten sich die
    im Stemma bezeichneten Hyparchetypi (also auch δ) längst herausgebildet.

IV. Die antihäretischen Prologe im Vergleich zu Hieronymus: Der lateinische Katalog christlicher Autoren Ω als gemeinsame Vorlage

1. Der Johannes-Prolog

Wie oben (S. 24ff.) gezeigt, enthält der α-Text des Johannesprologs einen einleitenden Abschnitt über Leben und Werk des Evangelisten Johannes. Dieser allgemeinere Teil der Johannesvita weist enge Berührungen mit dem Johanneskapitel Hier. vir. ill. 9 auf. Doch wenn man ins Detail geht, wird deutlich, daß dieses Kapitel 9 nicht die Vorlage des Prologs sein kann, vielmehr schöpfen Hieronymus und der Verfasser des Prologs aus einer gemeinsamen lateinischen Quelle. Das hat BURKITT (1901) richtig gesehen, aber nicht eigentlich bewiesen[93]. Daran entzündete sich BACONS Kritik[94], die in der Folgezeit den Gang der Wissenschaft in die falsche Richtung lenkte. Hier nun die Dokumentation der einschlägigen Texte, deren Verwandtschaftsverhältnis fortlaufend in gebotener Kürze bewertet werden soll:

Joh-Prol.: 1. *I o h a n n e s apostolus, quem* **Dominus** *Iesus amavit plurimum,* ^	**Hier. vir. ill. 9**: 1. *I o h a n n e s apostolus, quem* ^ *Iesus amavit plurimum,* <u>*filius Zebedaei et frater Iacobi apostoli, quem Herodes post passionem domini decollaverat*</u>, *novissimus omnium scripsit* ^
novissimus omnium scripsit **hoc** *evangelium* **postulantibus** *Asiae episcopis adversus Cerinthum aliosque haereticos et maxime tunc Ebionitarum dogma consurgens, qui asserunt* **stultitiae suae pravitate (sic enim Ebionitae appellantur)** *Christum ante*__quam__ *de Maria nasceretur non fuisse* **nec natum ante saecula de Deo patre.** *unde etiam conpulsus est divinam eius* **a patre** *nativitatem edicere. 2. sed et aliam causam* **conscripti** *huius* **evangelii** *ferunt,* **quia,** *cum legisset Matthaei, Marci et Lucae* **de evangelio** *volumina, probaverit quidem textum historiae et vera eos dixisse firmaverit, sed unius tantum anni, in quo et passus est post carcerem Iohannes, historiam texuisse. 3. praetermisso itaque anno cuius acta a tribus exposita fuerant, superioris temporis, antequam Iohannes clauderetur in carcerem, gesta narravit, sicut manifestum*	*evangelium,* <u>*rogatus ab*</u> *Asiae episcopis, adversus Cerinthum aliosque haereticos et maxime tunc Ebionitarum dogma consurgens, qui adserunt* ^ *Christum ante* ^ *Mariam* ^ *non fuisse* ^. *unde etiam conpulsus est divinam eius* ^ *nativitatem edicere. 2. sed et aliam causam huius* <u>*scripturae*</u> *ferunt,* <u>*quod,*</u> *cum legisset Matthaei, Marci et Lucae* ^ *volumina, probaverit quidem textum historiae et vera eos dixisse firmaverit, sed unius tantum anni, in quo et passus est post carcerem Iohannis, historiam texuisse. 3. praetermisso itaque anno cuius acta a tribus exposita fuerant, superioris temporis, antequam Iohannes clauderetur in carcerem, gesta narravit, sicut manifestum esse poterit his qui* <u>*diligenter*</u>

---

93 Vgl. BURKITT 69: „It appears to me to be a transcript of the very account which St. Jerome used for his life of St. John in his De Viris Illustribus, that earliest 'Dictionary of Christian Biography'." S. 71 spricht er von „the tradition preserved in Codex Toletanus, and followed to so great an extent by St. Jerome".

94 Der allerdings S. 199f. bei seiner Widerlegung BURKITTS auf das Zeugnis von Handschriften zurückgriff, die nicht den reinen α-Text repräsentieren, sondern tatsächlich Kontaminationen mit Hieronymus aufweisen.

esse poterit his qui quattuor evangeliorum volumina legerint **diligenter**. ^	*quattuor evangeliorum volumina legerint. quae res et* διαφωνίαν, *quae videtur Iohannis esse cum ceteris, tollit.* ^
4. *Hoc igitur evangelium post apocalypsin scriptum manifestatum et datum est ecclesiis in Asia a Iohanne adhuc in corpore constituto, sicut Papias nomine Hierapolitanus episcopus, discipulus Iohannis et carus, in* ἐξηγήσεως *suae V° libro* **retulit; qui hoc evangelium Iohanne sibi dictante conscripsit. 5. Verum Marcion hereticus, cum ab eo fuisset reprobatus eo quod contraria sentiret, proiectus est [a Iohanne]. Hic vero scripta vel epistulas ad eum pertulerat a fratribus missas, qui in Ponto erant fideles in Christo Iesu Domino nostro.***	4. *scripsit autem et unam epistulam cuius exordium est ...* (1Joh 1,1), *quae ab universis ecclesiasticis et eruditis viris probatur. 5. reliquae autem duae quarum principium est ...* (2Joh 1,1) *et sequentis ...* (3Joh 1,1) *Iohannis presbyteri adseruntur ... . 6. ... in Patmos insulam relegatus scripsit apocalypsin .... 7. ... sub Nerva redit Ephesum ibique ... perseverans totas Asiae fundavit rexitque ecclesias et confectus senio et sexagesimo octavo post passionem domini anno mortuus, iuxta eandem urbem sepultus est.*
1 *Eus. h.e. 3,23,1 (Joh 13,23; 19,26; 20,2; 21,7.20) Eus. h.e. 3,24,7; 6,14,7* **2–3** *Eus. h.e. 3,24,7–13* **4** *Eus. h.e. 3,39,1-2*	1 *Eus. h.e. 3,23,1 (Joh 13,23; 19,26; 20,2; 21,7.20) Mt 4,21; 10,2; Mk 10,35; Lk 5,10 Apg 12,1sq. Eus. h.e. 3,24,7; 6,14,7 cf. Hier. in Matth. prol. [CC 77,2–3] (unde et ecclesiastica narrat historia ...)* **2–3** *Eus. h.e. 3,24,7–13; 6,14,7; 3,24,13* **4–5** *Eus. h.e. 3,24,17sq.; 3,39,4.6; 7,25,16* **6** *Eus. h.e. 3,18,1–3 (ex Iren. haer. 5,30,3)* **7** *Eus. h.e. 3,20,8sq. 3,23,1.6 (Clem. Alex. q.d.s. 42) Eus. h.e. 3,31,3 (5,24,3)*
1 *postulantibus*] rogatus ab *Hier. vir. ill. 9,1* edicere *Hier. vir. ill. 9,1*: dicere ω 2 Iohannes *Zw.*: -is *codd.* 4 hoc igitur evang. ... manifestatum] evang. Iohannis manifestatum β in Asia *om.* β episcopus *om.* β et carus] et *om.* β in ἐξηγήσεως suae V° libro *Aberle 9. 11*: in exotericis (-tor- ζ) suis (suis *om.* β) id est in extremis quinque libris *codd.* (id est in extremis *vel interpreti vel glossatori attrib. Aberle et Harnack 806sq. [= 325sq.]*): in exegeticis suis ... libris *Hilgenfeld, cf. Lightfoot 213*[2] qui hoc ... conscripsit] descripsit vero evang. dictante Iohanne recte β 5 reprobatus] impr- β sentiret proiectus] sentiebat abiectus β a Iohanne *del. de Bruyne 208sq. (cf. Harnack 810 [= 329])* hic] is β missas *om.* β erant ... nostro] fuerunt β	

In § 1 hat Hieronymus versehentlich das im Joh-Prolog erhaltene *Dominus* der gemeinsamen Vorlage ausgelassen, s. o. das Zitat aus Rufins Übersetzung des Euseb (S. 44); der Anonymus aber hat die zu umfangreich erscheinenden genealogischen Erläuterungen bewußt herausgeschnitten. Diese empfehlen sich in der Fassung des Hieronymus nicht nur sachlich, sondern auch formal (man beachte die C-Klausel *domini decollaverat*) als ursprünglich. Unklar bleibt, ob im Autorenkatalog Ω das von Hieronymus tradierte _rogatus ab_ Asiae episcopis (vgl. Mk-Prol. 2 _rogatus Romae a fratribus_) stand und erst der Anonymus dies zu **postulantibus** Asiae episcopis abänderte. Immerhin bietet Hieronymus selbst im eng verwandten Johannes-Abschnitt seiner Praefatio zum Mt-Kommentar [CC 77] lin. 42ff. im Stichwort _coactus_ eine Entsprechung zu dem nachdrücklicheren _postulantibus_:

> _is cum esset in Asia et iam tunc hereticorum semina pullularent C e r i n t i , H e -_
> _b i o n i s e t c e t e r o r u m q u i n e g a n t C h r i s t u m i n c a r n e v e -_
> _n i s s e , quos et ipse in epistula sua antichristos vocat et apostolus Paulus frequenter_
> _percutit, **coactus est ab** omnibus paene tunc **Asiae episcopis** et multarum ecclesi-_
> _arum legationibus d e d i v i n i t a t e s a l v a t o r i s altius scribere et ad ipsum_
> _ut ita dicam dei verbum non tam audaci quam felici temeritate prorumpere._

> „Als dieser sich in Kleinasien aufhielt und bereits damals die Saaten der Häretiker sprossten vom Schlage Kerinths, Ebions und der übrigen, die leugnen, daß Christus im Fleische gekommen sei, die er auch selbst in seinem Brief Antichristen nennt und die der Apostel Paulus oftmals scharf angreift, da also wurde er von beinahe allen damals in Kleinasien residierenden Bischöfen und von Gesandtschaften vieler Kirchengemeinden unter zwangshafter Nötigung dazu bewogen, tiefgründiger über die Göttlichkeit des Erlösers zu schreiben und sozusagen zum Wort Gottes selbst nicht so sehr mit kühner als mit segensreicher Verwegenheit vorzudringen."

Zu vergleichen ist auch Aug. in psalm. 36, serm. 2,20 (lin. 33 [CC 38]) _seniorum litteris eiusdem_ (sc. _Carthaginiensis_) _ecclesiae p o s t u l a n t i b u s_; Conc. Carth. a. 411, gesta 3,36 [CC 149A, p. 187] _episcopis postulantibus_.

Anschließend hat Hieronymus die etymologische Entschlüsselung des Namens der Ebioniten weggelassen. Eine solche Pretiosität (man beachte wieder die rhythmische Klausel _stultitiae suae pravitate_ [cT]) ist nicht erst vom Prolog-Verfasser (der andere Ziele verfolgte) erfunden, sondern aus der Vorlage übernommen, vgl. Rufin. Orig. in gen. hom. 3,5 p. 44,21 _ut_ **Ebionitae** _et si qui his simili p a u p e r t a t e s e n s u s oberrant_; Hier. In Hab. 2,3,10-13, lin. 853 [CC 76A] _Theodotio autem vere quasi p a u p e r e t_ **ebionita**, _sed et Symmachus eiusdem dogmatis, p a u p e r e m s e n s u m secuti, iudaice transtulerunt_; in Is. 18,66,20 [CC 73A, lin. 95] _Iudaei et Iudaici erroris heredes_ **Ebionitae**, _qui pro humilitate sensus n o m e n p a u p e r u m susceperunt_; Isid. orig. 8,5,37.

Die beiden komplementären Formeln der von der Orthodoxie abweichenden Hauptlehre der Ebioniten _Christum ante**quam de Maria nasceretur**_ (T) _non fuisse_ (T) **nec natum ante saecula** (H) **de Deo patre** (O) hat Hieronymus zu einer Kurzformel zusammengestrichen: _Christum ante Mariam non fuisse_. Es ist evident, daß es sich hierbei nicht um mechanische Ausfälle handelt, sondern um einen bewußten Eingriff. Die Prolog-Fassung wird durch Marius Victorinus (kurz nach 350), Augustinus und andere gestützt:

> Vgl. Mar. Victorin. adv. Arium 2,1 (CSEL 83,1 p. 168,14) *Etenim **Iesum** filium cum dicimus, et **antequam de Maria nasceretur fuisse** filium confitemur; nam si in principio fuit* λόγος *et* λόγος *fuit ad deum et deus fuit ipse* λόγος *et hoc fuit in principio, qui cum postea* λόγος *caro factus est, idem est* λόγον *esse et Iesum*; Aug. in psalm. 50,17 *quia et **antequam de Maria nasceretur**, in principio erat verbum, et verbum erat apud deum, et deus erat verbum*[95].

> „Denn wenn wir Jesus Sohn nennen, bekennen wir, daß er auch vor der Geburt durch Maria Sohn gewesen ist; denn wenn gilt: ‚im Anfang war das Wort und das Wort war bei Gott und Gott war selbst das Wort‘ und wenn dies am Beginn war, dann ist, wenn dieses Wort später Fleisch geworden ist, Wort sein und Jesus sein dasselbe.“ Aug.: „... weil auch bevor es aus Maria geboren wurde, ‚im Anfang das Wort war, und das Wort bei Gott war und Gott das Wort war‘.“

Die Formel ***non ante Mariam** (fuisse)* scheint nicht vor der 2. Hälfte des 4. Jh.s belegt[96], wird aber von Hieronymus auch sonst gebraucht. Somit greifen wir hier eine verknappende Abwandlung des ursprünglichen Volltextes durch Hieronymus[97]. Im 8. Jh. begegnet dann bei Beda Venerabilis mehrmals der Vorwurf an die Häretiker Photin, Kerinth, Markion, Ebion, daß sie *dominum salvatorem **ante Mariam fuisse** negant* (oder ***Christum ante Mariam non fuisse*** *contendebant*).

Der zweite Teil der Komplementärformel ist im lateinischen Bereich wiederum seit Ambrosius geläufig, s. Ambr. virg. 1,5,21 ***Christus*** *ante virginem,* ***Christus*** *ex virgine,* ***a patre quidem natus ante saecula***, *sed ex virgine natus ob saecula*; spir. 3,22,168 *quia non alter **Christus**, sed unus est et **ante saecula ex patre** ut **dei** filius*

---

95 Vgl. ferner 62,1 (lin. 18) *et dicebatur ab illis prophetis, qui fuerunt **antequam** dominus noster Iesus **Christus de Maria virgine** nasceretur, quidquid futurum erat temporibus nostris*; 138,2 (lin. 41) *cantati enim sunt ipsi psalmi longe **antequam dominus de Maria nasceretur**, non antequam dominus **esset***; serm. 225,1 (PL 38, 1096, lin.4) *putamus enim, fratres mei, **antequam Christus de Maria** virgine **nasceretur**, erat, an non erat?* Ps. Vigil. Thaps. trin. 6,15,23 (CC 9 p. 87 lin. 230) *maledictus, qui de sempiterno filio dicit: "**non erat, antequam de Maria nasceretur**".*

96 Nach R. HÜBNER (brieflich) richtet sich der Vorwurf wahrscheinlich gegen Photin, der auf dem Konzil von Sirmium (351), Anathem. 5 mit ähnlichen Worten verurteilt wurde; vgl. R. HÜBNER (1989) 188–196 und hier im Haupttext den folgenden Beleg aus Beda Venerabilis.

97 Vgl. etwa Ps.Aug. quaest. test. 91,9 [CSEL 50, p. 158,2] *quo modo ergo **non ante Mariam est**, quod et in principio erat et deus erat?* 91,13 [p. 160,9] *o dementia Photini, qui **Christum ante Mariam non** fateri vult, ...!* Hier. in Eph. 2,4 (PL 26, 531 C) *si enim ipse est ascendens in coelos, qui de coelis ante descenderat, quomodo dominus noster Iesus **Christus non ante Mariam est**, sed post Mariam?*

natus et in saeculo ut homo carnis adsumptione generatus; Rufin. symb. 37 *concilium vanitatis est et quod Paulus Samosatenus et eius posthaec successor Photinus adseruit:* **Christum non fuisse ante saecula natum ex patre sed ex Maria** *coepisse*[98]. Die Formel verlangt im anschließenden Folgerungssatz notwendig *unde etiam conpulsus est divinam eius **a patre** nativitatem dicere* ($C_m{}^1$). In der Hieronymus-Überlieferung fehlt *a patre*; also kann sie – wie bei den anderen Fehlstellen – nicht die unmittelbare Quelle für den Anonymus sein, der die Ev-Prologe verfaßt hat. Das gleiche gilt für das wenig später (§ 2) folgende *Matthaei, Marci et Lucae **de evangelio** volumina*, wo Hieronymus **de evangelio** ausgelassen hat. Der Fehler wäre ohne Parallelüberlieferung nicht erkennbar. Also ist ausgeschlossen, daß der Anonymus auf Hieronymus fußt und von sich aus eine Ergänzung vorgenommen hätte. Der Befund läßt sich nur mit der Annahme einer gemeinsamen Vorlage ökonomisch erklären.

Diese Vorlage ist der hier erschlossene lateinische Katalog christlicher Autoren (Ω), in dem vor allem Euseb und weitere (meist durch ihn vermittelte) griechische Quellen verarbeitet scheinen. Um dem Leser langatmige Rückgriffe und Wiederholungen zu ersparen[99], muß gleich an dieser Stelle festgestellt werden: Es wird sich im folgenden Kapitel zeigen, daß zu den in Ω verarbeiteten Schriften Eusebs in erster Linie die *Pinakes* aus dem dritten Buch seiner verlorenen *Vita Pamphili* zu rechnen sind (darauf deuten die Übereinstimmungen mit Hieronymus). Erst an die zweite Stelle rückt Eusebs *Kirchengeschichte* – ohne daß wir sicher sagen könnten, ob wir in den Vorbild-Partien aus der *Historia ecclesiastica*, die keine Entsprechung bei Hieronymus haben, die unmittelbaren Bezugsstellen oder lediglich breitere Spiegelungen der knapp gehaltenen *Pinakes* (die auch dort als die direkten Vorlagen einzustufen

---

98 Cassian. c. Nest. 1,5,3 *ergo confitemur dominum ac deum nostrum Iesum* **Christum** *unicum filium dei, qui sibi* **ante saecula natus ex patre** *est, nobis a tempore de spiritu sancto et Maria semper virgine factum hominem, deum natum*; 6,6,6 *dixisti in symbolo dominum Iesum* **Christum natum ex deo patre ante omnia saecula** *et non factum*; Ps. Vigil. Thaps. trin. 4,25 (lin. 205 [CC 9]) *absit, absit a nobis, Sabelli heretice, ne haec blasphemia admittamus, dum hic* **verus filius dei** *vere inconparabiliter* **natus** *fuerit* **de patre** *et pro nostra salute denuo dignatus fuerit* **nasci de Maria** *virgine*; Filastr. 35,2 (CC 9, p. 232) **Christum** *autem dicit* (sc. *Carpocras) non* **de Maria** *virgine et* **divino spiritu natum**, *sed de semine Ioseph hominem natum arbitratur, deque eo natum carnaliter, sicut omnes homines, suspicatur*; Arnob. Iun. confl. 2,8 (PL 53, 282 B) *qui sicut* **ante saecula natus est ex patre**, *nobis* **ex Maria** *Virgine semper confitemur*; Cassiod. hist. 5,7,6 (CSEL 71 p. 223 lin. 44) *si quis secundum praescientiam* **ante Mariam** *dixerit filium esse et* **non ante saecula ex patre natum** *apud* **deum** *esse et per ipsum omnia facta, anathema sit.*

99 Solche wären erforderlich, wenn ich den Leser auf den Weg mitnehmen wollte, der mich erst am Ende zu den *Pinakes* als Primärquelle des Index latinus Ω geführt hat. Leider hat der Vorgriff einen Verlust an Spannung und Lesevergnügen im Gefolge. Aber wie schon beim Vorziehen des Hauptstemmas der Handschriften (S. 11f.) habe ich mich auch hier zugunsten der Kürze und besseren Verständlichkeit entschieden und deswegen das Geheimnis vorzeitig gelüftet.

wären) greifen. Zu potentiellen Entlehnungen aus der *Praeparatio evangelica* siehe
S. 37.

Wie der oben mitgeführte Quellenapparat anzeigt, liegt dem Ω-Text des Joh-
Prologs §§ 2–3, der (von geringfügigen Abweichungen abgesehen) ebenso in Hier.
vir. ill. 9,2–3 steht, deutlich Euseb zugrunde. Prologverfasser und Hieronymus wei-
sen durch den Neueinsatz *sed et aliam causam conscripti huius evangelii   f e r u n t*
auf die neue Quelle hin. Konfrontiert man den übereinstimmenden lateinischen
Text (2–3) des anonymen Prolog-Verfassers und des Hieronymus mit dem entsprechenden Textsegment aus Eusebs *Kirchengeschichte* (h.e. 3,24,7–13), sieht man, daß
eine vergleichsweise freie lateinische Adaptation vorliegt. Diese könnte aber auch
darin ihren Ursprung haben, daß in Ω nicht der Passus aus der *Kirchengeschichte*,
sondern der entsprechende Eintrag der *Pinakes* lateinisch umgesetzt wurde. Jedenfalls erfolgte diese lateinische Adaptation nicht zweimal unabhängig, einmal durch
den anonymen Urheber der Evangelienprologe, das andere Mal durch Hieronymus,
sondern ein einziges Mal durch den gemeinsamen Stammvater Ω. Ihn schreiben
dann sowohl der Prologverfasser als auch Hieronymus je unabhängig voneinander
aus. Dabei bewahren in dem genannten Passus beide den Wortlaut der Vorlage sehr
genau – mit Ausnahme des ersten Satzes. Dieser lautet im Joh-Prol.: *sed et aliam
causam* **conscripti** *huius* **evangelii** *ferunt,* **quia,** *cum legisset Matthaei,* <u>*Marci et Lucae*</u>
de evangelio *volumina,* etc. Hieronymus, der das Schriftchen *De viris illustribus*
in kürzester Zeit hergestellt hat und dabei notorisch unsorgsam verfahren ist[100],
hat den erlesenen Ausdruck *conscripti huius evangelii* durch vereinfachendes *huius
scripturae* ersetzt[101], *de evangelio* aber ausgelassen (s.o.). Also kann er nicht Quelle für
den Wortlaut **de evangelio** *volumina* des Joh-Prologs sein. Vielmehr nutzen beide
Autoren unabhängig den lateinisch schreibenden Redaktor Ω, der Eusebs Gen. abs.
ἤδη δὲ <u>Μάρκου</u> καὶ Λουκᾶ τῶν κατ' αὐτοὺς εὐαγγελίων τὴν ἔκδοσιν πεποιημένων
(h.e. 3,24,7) passend in den oben angeführten *cum*-Satz mit dem entscheidenden
de evangelio *volumina* umgesetzt hatte[102].

Auch am Ende von § 3 zeigt die um der rhythmischen Klausel willen gewählte
erlesene Stellung von *diligenter,* daß der Anonymus nicht Hieronymus wiedergibt,
sondern die gemeinsame Vorlage, deren planvolle Wortstellung der *raptim* schrei-
bende Hieronymus normalisiert hat. Durch den bei Hieronymus folgenden Satz
quae res et δ ι α φ ω ν ί α ν, *quae videtur* <u>*Iohannis*</u> *esse* <u>*cum ceteris,*</u> *tollit* dürfte der
Ω-Redaktor Euseb οἷς καὶ ἐπιστήσαντι οὐκέτ' ἂν δόξαι δ ι α φ ω ν ε ῖ ν ἀλλήλοις

---

100 Siehe BARTHOLD 124f.

101 Über die Priorität der divergierenden Konjunktionen *quia/quod* läßt sich kein sicheres Urteil
    gewinnen.

102 Doch gilt für die Fixierung der konkreten „Euseb"-Quelle das S. 49 Ausgeführte: Es muß
    jeweils in Rechnung gestellt werden, daß Ω primär die verlorenen, knapp gehaltenen *Pinakes*
    des Euseb genutzt hat, die in Eusebs *Kirchengeschichte* breiter gespiegelt oder variiert werden.

τὰ εὐαγγέλια. τῷ τὸ μὲν κατὰ Ἰωάννην τὰ πρῶτα τῶν τοῦ Χριστοῦ πράξεων περιέχειν, τὰ δὲ λοιπὰ τὴν ἐπὶ τέλει τοῦ χρόνου αὐτῷ γεγενημένην ἱστορίαν (h.e. 3,24,13)[103] oder einen entsprechenden Eintrag in den *Pinakes* wiedergegeben haben. Er spiegelt eine Spezialdiskussion zeitgenössischer Exegeten über Differenzen zwischen Joh und den drei anderen Evangelien. Das schien dem Prologverfasser – ähnlich wie die genealogischen Details zu Beginn – allzu umschweifig, weshalb er auch hier das Messer ansetzte.

Ob der anschließende (bei Hieronymus fehlende) Abschnitt 3–4, der sich speziell mit der Entstehung und Verbreitung des Johannesevangeliums, dem Schülerverhältnis Johannes – Papias und der Verwerfung des Häretikers Markion durch Johannes befaßt, auch in dem gemeinsam benutzten Autorenkatalog stand, läßt sich nicht sicher sagen. Hieronymus könnte ihn ähnlich herausgekürzt haben, wie umgekehrt der Anonymus im Mk-Prolog (s. anschließend) eine auf Klemens von Alexandrien und Papias bezogene Quellenangabe wegließ, vermutlich weil sie ihm in Hinblick auf sein Ziel, eine knappe Einführung in das Mk-Evangelium zu geben, allzu weit abzuführen schien oder allzu quellenkundlich ausgerichtet klingen mochte. Anders als Hieronymus konzentriert er sich im Joh-Prol. auf die Nachrichten über das Evangelium. Was Hieronymus anschließend aus dem Katalog Ω ausschreibt, die Nachrichten über die drei (ohnehin umstrittenen) Johannesbriefe, gehen den Verfasser des Joh-Prologs nichts an; ebenso mußte es ihm müßig erscheinen, an diesem Ort ein weiteres Mal auf die Apokalypse zurückzukommen. Das sind die Gründe, weshalb er es aufgab, der gemeinsamen Quelle weiter zu folgen. Auf diese Weise gibt es bei ihm auch keine Entsprechung zu dem bei Hieronymus vorliegenden biographischen Abschluß über Johannes' Rückkehr nach Ephesus, seine Leitungsfunktion in der Kirchenorganisation Kleinasiens, seinen Tod und sein Grab in Ephesus.

---

103 „Wer das beachtet, dürfte nicht mehr der Ansicht sein, die Evangelien widersprächen einander, insofern das Johannesevangelium die Anfänge der Taten Christi umfaßt, während die übrigen das gegen Ende seiner Lebenszeit ihm widerfahrene Geschehen erzählen."

2. Der Markus-Prolog

Mk-Prol. 1. *M a r c u s,* **qui et colobodactylus est nominatus ideo quod a cetera corporis proceritate digitos minores habuisset, hic** *discipulus et interpres* **fuit** *Petri.* 2. **Quem secutus sicut ipsum** *audierat referentem rogatus Romae a fratribus* **hoc** *breve evangelium* **in Italiae partibus** *scripsit.* 3. *Quod cum Petrus audisset, probavit ecclesiis***que** *legendum sua auctoritate* **firmavit.** ^	**Hier. vir. ill. 8:** 1. *M a r c u s,* ^ *discipulus et interpres* ^ *Petri* ^ <u>iuxta quod Petrum referentem audierat</u>, *rogatus Romae a fratribus* ^ *breve* <u>scripsit evangelium</u> ^. *quod cum Petrus audisset, probavit* <u>et</u> *ecclesiis* <u>legendum sua auctoritate</u> <u>edidit</u>, <u>sicut</u> <u>scribunt</u> <u>Clemens</u> <u>in</u> <u>sexto</u> <u>ὑποτυπώσεων</u> <u>libro</u> <u>et</u> <u>Papias</u> <u>Hierapolitanus episcopus.</u> 2. <u>meminit huius</u> <u>Marci et Petrus in prima epistula, sub</u> <u>nomine Babylonis figuraliter Romam</u> <u>significans:</u> ... (1Petr 5,13). ^
4. **Verum post discessum Petri** *assumpto hoc evangelio quod ipse confecerat, perrexit Aegyptiae et primus Alexandriae* **episcopus ordinatus**, *Christum annuntians, constituit* **illic** *ecclesiam.* 5. *Tanta doctrina et vitae continentia* **fuit**, *ut omnes sectatores Christi ad exemplum sui cogeret.* ^	3. *assumpto* <u>itaque</u> ^ *evangelio quod ipse confecerat, perrexit Aegyptum et primus Alexandriae* ^ *Christum annuntians constituit* ^ *ecclesiam tanta* <u>doctrinae</u> *et vitae* <u>continentia</u>, *ut omnes sectatores Christi ad* <u>exemplum sui cogeret.</u> 4. <u>denique Philon, disertissimus Iudaeorum,</u> <u>... quod Alexandriae sub Marco fieri</u> <u>doctore cernebat, memoriae tradidit.</u> 5. *m o r t u u s e s t* <u>autem octavo Neronis</u> <u>anno et s e p u l t u s Alexandriae,</u> <u>succedente sibi Anniano.</u>
1 cf. Hippol. *refut.* 7,30,1 (adv. Marcionem) τούτους (sc. λόγους) οὔτε Παῦλος ὁ ἀπόστολος οὔτε Μάρκος ὁ κολοβοδάκτυλος ἀνήγγειλαν **1/4** Eus. *h.e.* 5,8,3 (= Iren. *haer.* 3,1,1) **2–3** Eus. *h.e.* 2,15,1–2 **4** v. ad 1 **4–5** Eus. *h.e.* 2,16	**1–2** Eus. *h.e.* 5,8,3 (= Iren. *haer.* 3,1,1); Eus. *h.e.* 2,15,1–2; 3,39,15 **3–4** Eus. *h.e.* 2,16–17 **5** Eus. *h.e.* 2,24
1 Marcus] Marcus adseruit (ads. *add.* glossator) β et *om.* β a cetera ... proceritate] ad -am ... -tem β hic discipulus et] iste β 2 quem secutus ... 4 post discessum Petri] post excessionem ipsius Petri descripsit idem hoc in It. part. evang. β 3 ecclesiisque *Hier. ill.* 8: -iaeque *codd.*; cf. Eus. *h.e.* 2,15,2 5 tanta doctrina et vitae continentia Ω *Hier. vir. ill.* 8 *codd.*: **T h** (t. doctrinae et v. c. *rell.*): tantae -nae et vitae -tiae *a (an iam **Anon**.?)* ad exemplum sui cogeret *Hier. vir. ill.* 8: ad suum cogeret [imitari *(glossatori tribuend.)*] exemplum *codd.*[104]	1 edidit] *an* edixit? cf. Liv. 26,27,6 consul ex auctoritate senatus ... edixit; 34,55,4; 34,56,3; Cassiod. *var.* 5,22,2 qui curiae vestrae sententiam maioris natu auctoritate facundus ediceret

Wenn man die im Quellenapparat zusammengestellten Zeugnisse mustert, sieht man, daß nahezu alle Nachrichten aus Eusebs *Kirchengeschichte*[105] geholt sind. Da-

---

104 Siehe o. zu Anm. 61 und die Anm. 62.

105 Auch hier gelten die Anm. 102 formulierten Einschränkungen bezüglich des Verhältnisses

bei ist zu berücksichtigen, daß Euseb im Laufe seines Lebens vermutlich mindestens vier verschiedene Ausgaben seiner *historia ecclesiastica* veranstaltet hat[106]. Es könnte also sein, daß der Verfasser des Autorenkatalogs ein Euseb-Exemplar vor sich hatte, in dem er noch die Herleitung des uns erstmals durch Hippolyt belegten Namens *Marcus colobodactylus* lesen konnte. Hieronymus dürfte bewußt auf den etwas schrullig wirkenden Spitznamen und seine Erläuterung verzichtet haben[107] – analog dem Verfahren des Anonymus im Joh-Prolog, der zu Beginn die bei Hieronymus erhaltenen genealogischen Details der Vorlage Ω herausgekürzt hat: Es bestätigt sich durchgehend der Ansatz einer gemeinsamen Vorlage (Ω), die von den beiden Nutzern je individuell umgesetzt wurde. In der Konsequenz dieses ersten Eingriffes in die Markus-Vita ließ Hieronymus sinnvollerweise das folgende *fuit* und den relativen Satzanschluß *quem secutus* aus und gab stattdessen *discipulus et interpres Petri* als einfache Apposition[108]. Zu diesen Textstellen sind nun die Quellen zu vergleichen:

Eus. h.e. 5,8,3 μετὰ δὲ τὴν τούτων [sc. Apost. Petr. et Paul.] ἔξοδον (4 *verum post discessum Petri*) Μάρκος, ὁ μαθητὴς καὶ ἑρμηνευτὴς Πέτρου (1 *Marcus ... discipulus et interpres* [*fuit*] *Petri*), καὶ αὐτὸς τὰ ὑπὸ Πέτρου κηρυσσόμενα (2 *sicut ipsum audierat referentem*) ἐγγράφως ἡμῖν παραδέδωκεν (2 *hoc breve evangelium ... scripsit*).

„Nach ihrem Tod hat uns Markus, der Schüler und Interpret Petri, auch seinerseits das, was Petrus verkündet hat, schriftlich überliefert."

2,15,1 παρακλήσεσιν δὲ παντοίαις Μάρκον, οὗ τὸ εὐαγγέλιον φέρεται ἀκόλουθον ὄντα Πέτρου (2 *quem secutus*), λιπαρῆσαι (2 *rogatus Romae a fratribus*), ὡς ἂν καὶ διὰ γραφῆς ὑπόμνημα τῆς διὰ λόγου παραδοθείσης αὐτοῖς καταλείψοι διδασκαλίας, μὴ πρότερόν τε ἀνεῖναι ἢ κατεργάσασθαι τὸν ἄνδρα, καὶ ταύτῃ αἰτίους γενέσθαι τῆς τοῦ λεγομένου κατὰ Μάρκον εὐαγγελίου γραφῆς (2 *hoc breve evangelium ... scripsit*). 2 γνόντα δὲ τὸ πραχθέν φασι τὸν ἀπόστολον (3 *quod cum Petrus audisset*) ἀποκαλύψαντος

Kirchengeschichte / Pinakes. Auf Seiten des Hieronymus spielt darüber hinaus auch Eusebs Chronik ihre Rolle (s. die Quellennachweise bei Barthold).

106 Siehe Zwierlein (2014) II 110–117; ferner u. S. 66f.

107 Ohne auf Hieronymus einzugehen, handelt Regul S. 95ff. sowohl über *colobodactylus* als auch über *interpres Petri*, ferner über die (legendenhafte) Tradition vom Wirken des Markus in Ägypten.

108 Ob er auch am Schluß von § 2 das auffällige, oben (s. zu Anm. 27) durch Parallelen gestützte (*hoc*) *breve evangelium i n   I t a l i a e   p a r t i b u s   scripsit* (O) zu unrhythmischem *breve scripsit evangelium* zusammengestrichen hat, oder ob der hier wie im ganzen Mk-Prolog durchgehend beachtete Klauselrhythmus am Satzende erst durch den anonymen Verfasser der Ev.-Prologe eingeführt wurde, läßt sich nicht sagen.

αὐτῷ τοῦ πνεύματος, ἡσϑῆναι τῇ τῶν ἀνδρῶν προϑυμία κυρῶσαί τε τὴν γραφὴν εἰς ἔντευξιν ταῖς ἐκκλησίαις (*probavit ecclesiisque legendum sua auctoritate **firmavit***).

„Mit vielerlei Bitten hätten sie sich an Markus gewandt, dessen Evangelium sich, so die Kunde, dem Petrus anschließt, und ihn inständig gebeten, er möge ihnen auch schriftlich ein Erinnerungsdokument seiner (des Petrus) mündlich übermittelten Lehre hinterlassen; und nicht eher hätten sie von ihren Bitten abgelassen, als bis sie sich den Mann gefügig gemacht hatten, und auf diese Weise seien sie Urheber der Niederschrift des sogenannten Evangeliums nach Markus geworden. 2. Nachdem der Apostel, so heißt es, durch eine ihm zuteil gewordene Offenbarung des Geistes von dem Geschehen Kenntnis erlangt hatte, soll er sich über den Eifer der Männer gefreut und die Schrift für die Zusammenkünfte in den Kirchengemeinden autorisiert haben.“

2,15,2 Κλήμης ἐν ἕκτῳ τῶν Ὑποτυπώσεων παρατέϑειται τὴν ἱστορίαν, συνεπιμαρτυρεῖ δὲ αὐτῷ καὶ ὁ Ἱεραπολίτης ἐπίσκοπος ὀνόματι Παπίας. τοῦ δὲ Μάρκου μνημονεύειν τὸν Πέτρον ἐν τῇ προτέρᾳ ἐπιστολῇ· ἣν καὶ συντάξαι φασὶν ἐπ᾽ αὐτῆς Ῥώμης, σημαίνειν τε τοῦτ᾽ αὐτόν, τὴν πόλιν τροπικώτερον Βαβυλῶνα προσειπόντα διὰ τούτων· «ἀσπάζεται ὑμᾶς ἡ ἐν Βαβυλῶνι συνεκλεκτὴ καὶ Μάρκος ὁ υἱός μου» (1Petr 5,13).

„Klemens hat diese Erzählung im 6. Buch seiner Hypotyposen wiedergegeben; zusammen mit ihm bezeugt sie auch der Bischof von Hierapolis namens Papias. An (diesen) Markus soll Petrus im ersten seiner beiden Briefe erinnern. Ihn soll er, so die weitere Kunde, in Rom selbst verfaßt haben und eben dies selbst dadurch andeuten, daß er die Stadt mit folgenden Worten metaphorisch als Babylon bezeichnet: ‚Es grüßt euch die (um mich versammelte) Gemeinde, die „in Babylon“ zusammen mit euch auserwählt ist, und Markus, mein Sohn‘“[109].

Die oben in den Eusebtext hineingeschriebenen lateinischen Versionen des Mk-Prologs zeigen im Vergleich mit dem eng entsprechenden Wortlaut des Hieronymus ein weiteres Mal, daß beide Autoren in der gemeinsamen lateinischen Vorlage (Ω) wurzeln, die fortlaufend aus Euseb gespeist wurde. Denn der Anonymus kann die fett ausgeworfenen Textsegmente (*post discessum Petri – quem secutus – firmavit*), die wie der übrige Text mit Euseb übereinstimmen, nicht aus Hieronymus bezogen haben, weil dieser an den genannten Stellen abweicht. Der Anonymus bietet also den Eusebtext, unabhängig von Hieronymus, allein durch die Vermittlung des Autoren-katalogs Ω. Daß dort *firmavit* stand als Äquivalent zum Verb κυρῶσαι, wird gestützt durch die eng verwandte Stelle Joh-Prol. 2, wo die Eusebvorlage h.e. 3,24,7

---

109 Zu dieser Fehldeutung s. zuletzt Zwierlein (2013) 265–273.

ἀποδέξασθαι μέν φασιν ἀλήθειαν αὐτοῖς ἐπιμαρτυρήσαντα vom Anonymus und von Hieronymus einheitlich durch *quia ... probaverit quidem textum historiae et vera eos dixisse f i r m a v e r i t* wiedergegeben ist.

Auf die anschließend von Euseb (2,15,2) zitierten Quellen (Klemens von Alexandrien, Papias und 1Petr 5,13), die Hieronymus wieder aus der gemeinsamen Vorlage Ω übernommen haben dürfte (s. S. 52), hat der Prologverfasser, der ja gattungsgemäß auf Kürze bedacht sein mußte, verzichtet. Umgekehrt dürfte er von sich aus den kurzen Zusatz **episcopus ordinatus**, der bei Euseb (und bei Hieronymus) fehlt[110], eingeführt haben, um den Markus zum ersten Bischof von Alexandria zu machen. Als solcher figuriert er auch sonst sowohl bei Hieronymus als auch in weiterer patristischer Literatur des 4. Jh.s[111], während die großen christlichen Alexandriner der Frühzeit, Klemens und Origenes, von dem legendenhaften Aufenthalt des Evangelisten Markus in Ägypten nichts wissen[112].

3. Der Lukas-Prolog

| Lk-Prol. 1. *L u c a s Antiochensis* **Syrus**, *arte medicus, ut eius scripta indicant, Graeci sermonis non ignarus fuit.* **discipulus apostolorum, postea vero Paulum secutus est usque ad confessionem eius. 2. serviens Domino sine crimine uxorem numquam habuit, filios numquam procreavit; octoginta quattuor annorum obiit in Bithynia plenus spiritu sancto.** 3. **Igitur cum iam scripta essent evangelia, per Mattheum quidem in Iudaea, per** | Hier. vir. ill. 7: 1. *L u c a s, medicus Antiochensis, ut eius scripta indicant, Graeci sermonis non ignarus fuit,* <u>sector apostoli Pauli et omnis eius peregrinationis comes,</u> ^ |

---

110 Siehe Eus. h.e. 2,16 Τοῦτον δὲ Μάρκον πρῶτόν φασιν ἐπὶ τῆς Αἰγύπτου στειλάμενον, τὸ εὐαγγέλιον, ὃ δὴ καὶ συνεγράψατο, κηρύξαι, ἐκκλησίας τε πρῶτον ἐπ' αὐτῆς Ἀλεξανδρείας συστήσασθαι („Dieser Markus soll als erster, so die Kunde, nach seiner Ankunft in Ägypten das Evangelium, das er ja selbst niedergeschrieben hatte, verkündet und als erster in Alexandria selbst Kirchengemeinden gegründet haben").

111 Vgl. Hier. in Matth. praef. lin. 26 [CC 77] *primus omnium* **Matheus** *est ...; secundus* **Marcus** *interpres apostoli Petri et* **Alexandrinae ecclesiae primus episcopus**; vir. ill. 17,1 *Polycarpus, Iohannis apostoli discipulus et ab eo Smyrnae* **episcopus ordinatus**. Die Junktur scheint seit Cyprian belegt, s. epist. 33,1,1; 55,24,2; 67,4,2; Rufin. hist. 2, tit. XXIIII (p. 101,11 Mommsen) *quod p o s t M a r c u m* **primus episcopus** *Alexandrinae ecclesiae* **ordinatus** *sit Annianus*; hist. 3,32,1 *quo in tempore etiam S y m e o n C l e o p a e f i l i u s, quem* **secundum Hierusolymis ordinatum episcopum** *supra edocuimus, per martyrium carnis vinculis resolutus est*; 4,14,3; 4,23,3 recogn. 1,43,3 *ecclesia dei in Hierusalem constituta copiosissime multiplicata crescebat per I a c o b u m, qui a domino* **ordinatus** *est in ea* **episcopus**, *rectissimis dispensationibus gubernata*.

112 Zu *doctrina* und *vitae continentia* einschließlich des anschließenden Philo-Zeugnisses s. Barthold S. 279f.

per Mattheum quidem in Iudaea, per Marcum autem in Italia, sancto instigante spiritu in Achaiae partibus hoc descripsit evangelium, 4. **quod** <u>non</u> **tantum** <u>ab apostolo Paulo didic</u>**erat**, <u>qui cum domino in carne non fuit, sed a ceteris apostolis</u> **magis, qui cum domino fuerunt,** 5. **significans** <u>per principium ipsius evangelii</u> **ante alia esse descripta.** 6. **et a quibus audierit apostolis** <u>ipse declarat dicens:'sicut tradiderunt nobis qui a principio ipsi viderunt et ministri fuerunt sermonis'</u> [Lk 1,2]. 7. <u>de quo</u> **et apostolus ait:** <u>'misimus cum illo fratrem, cuius laus est in evangelio per omnes ecclesias'</u> [2Kor 8,18], <u>et ad Colossenses: 'salutat vos Lucas carissimus me**us**'</u> [Kol 4,14]. ^ 8. *Igitur* **hoc** *evangelium,* SICUT AUDIERAT IPSE, CONPOSUIT 9. **significans per principium eius maximam necessitatem incumbere Graecis fidelibus cum summa diligentia omnem veritatem gestorum dominicorum dispositionemque narratione sua exponere** 10. **ideo,** *ne* **Iudaicis fabulis adtenti in solo legis desiderio tenerentur, neve haereticis quaestionibus et stultis sollicitationibus seducti exciderent a veritate.** 11. **Itaque perquam necessariam statim in principio <prae>sumpsit Iohannis nativitatem, qui est initium evangelii, praemissus Domini nostri Iesu Christi, et fuit socius ad perfectionem populi, item introductionis baptismi atque passionis socius.** 12. **Cuius profecto dispositionis exemplum meminit Malachias propheta, unus de duodecim.** 13. **Deinde ipse Lucas scripsit actus apostolorum in urbe Roma; post hunc Iohannes evangelista scripsit apocalypsin in insula Pathmos, post evangelium in Asia.**	scripsit evangelium, <u>de quo idem Paulus:</u> <u>'misimus', inquit, 'cum illo fratrem cuius laus est in evangelio per omnes ecclesias', et ad Colossenses, 'salutat vos Lucas medicus carissimus', et ad Timotheum, 'Lucas est mecum solus'. 2. aliud quoque edidit volumen egregium quod titulo apostolicarum</u> πράξεων <u>praenotatur, cuius historia usque ad biennium Romae commorantis Pauli pervenit, id est usque ad quartum Neronis annum, ex quo intellegimus in eadem urbe librum esse compositum. 3. igitur</u> περιόδους <u>Pauli et Theclae et totam baptizati leonis fabulam inter scripturas apocryphas computemus. quale enim est, ut individuus comes apostoli inter ceteras eius res hoc solum ignoraverit? sed et Tertullianus, ... refert presbyterum quendam in Asia, ... convictum apud Iohannem, quod auctor esset libri ... loco excidisse. 4. quidam suspicantur, quotiescumque Paulus in epistulis suis dicat: 'iuxta evangelium meum', de Lucae significare volumine et Lucam non solum ab apostolo Paulo didicisse evangelium, qui cum Domino in carne non fuerat, sed et a ceteris apostolis. 5. quod ipse quoque in principio voluminis sui declarat dicens: 'sicut tradiderunt nobis qui a principio ipsi viderunt et ministri fuerunt sermonis'. igitur evangelium,</u> SICUT AUDIERAT, <u>scripsit;</u> acta <u>vero</u> apostolorum, <u>sicut</u> <u>viderat</u> IPSE, CONPOSUIT [vide Lk-Prol. 8]. 6. *sepultus est Constantinopoli, ad quam urbem vicesimo Constantii anno ossa eius cum reliquiis Andreae apostoli translata sunt.*

---

1 *Eus. h.e. 3,4,6; 3,24,15* **3** *Eus. h.e. 5,8,3* (= *Iren. haer. 3,1,1*) **4–6 / 9** *Eus. h.e. 3,4,6; 3,24,15* **9–11** cf. *Iren. 3,14,3;3,15,1* *Mk 1,1. 4; Lk 1,17; 3,1–3* *Mt 17,12; Mk 9,12sq.* **12** *Mal 3,1. 23 (4,5sq.); Mk 1,2 (Mt 11,14); cf. Iren. 3,10,6*	**1** *Eus. h.e. 3,4,6 (Kol 4,14); 3,24,15; 5,8,3 (2Tim 4,11; Phlm 24)* **2** *Eus. h.e. 2,22,6* **3** *Tert. bapt. 17,5* **4–5** *Eus. h.e. 3,4,7; 3,4,6; 3,24,15*

---

1 Lucas] est quidem lucas *β* ut eius ... fuit *om. β* **4** quod non ... fuerunt *om. β* **5** ipsius evangelii *om. β* **6–8** et a quibus ... conposuit *om. β* **9** significans ... eius] sed et sibi *β* omnem veritatem ... dispositionemque] omnem dispositionem *β* suae narrationis] narratione sua *β* **10** quaestionibus]	

fabulis **β**   **11** <prae>sumpsit *Zahn 742 coll. prol.*
priscill. (v. Chapman 1908, 220: Ioannis nativitate
praesumpta*)*   Iohannis nativitatem **FGr:** ab Iohannis
nativitate *rell.* (necessarium st. principium ... nativitate
O)   qui *Zahn 742 coll.* **Gr** (ὅς): que *codd. lat.*
introductionis] inductionem **β**   **12** Malachias]
malachiel **β**   **13** in urbe Roma *om.* **β**   post evang.]
deinde evang. **β**

Der zentrale Bezugspunkt des Autorenkatalogs Ω, aus dem sowohl der Verfasser des
Prologs als auch Hieronymus schöpfen, ist Eus. h.e. 3,4,6f.:

Λουκᾶς δὲ τὸ μὲν γένος ὢν τῶν ἀπ' Ἀντιοχείας, τὴν ἐπιστήμην δὲ ἰατρός,
τὰ πλεῖστα συγγεγονὼς τῷ Παύλῳ, καὶ τοῖς λοιποῖς δὲ οὐ παρέργως τῶν
ἀποστόλων ὡμιληκώς, ἧς ἀπὸ τούτων προσεκτήσατο ψυχῶν θεραπευτικῆς
ἐν δυσὶν ἡμῖν ὑποδείγματα θεοπνεύστοις[113] κατέλιπεν βιβλίοις, τῷ τε
εὐαγγελίῳ, ὃ καὶ χαράξαι μαρτύρεται (Lk 1,2f.) καθ' ἃ παρέδοσαν αὐτῷ
οἱ ἀπ' ἀρχῆς αὐτόπται καὶ ὑπηρέται γενόμενοι τοῦ λόγου, οἷς καὶ φησιν ἔτ'
ἄνωθεν ἅπασι παρηκολουθηκέναι, καὶ ταῖς τῶν ἀποστόλων Πράξεσιν, ἃς
οὐκέτι δι' ἀκοῆς, ὀφθαλμοῖς δὲ παραλαβὼν συνετάξατο. 7. φασὶν δ' ὡς ἄρα
τοῦ κατ' αὐτὸν εὐαγγελίου μνημονεύειν ὁ Παῦλος εἴωθεν, ὁπηνίκα ὡς περὶ
ἰδίου τινὸς εὐαγγελίου γράφων ἔλεγεν· «κατὰ τὸ εὐαγγέλιόν μου» (Röm
2,16; 2Tim 2,8).

„Lukas aber, von Herkunft ein Antiochener, von Beruf aber Arzt, lebte meist
mit Paulus zusammen, verkehrte aber auch mit den übrigen Aposteln recht
intensiv. Beweise für seine von den Aposteln erworbene Seelenheilkunde hat
er uns in zwei Gott-inspirierten Büchern hinterlassen. Das eine ist das Evangelium, das er, wie er bezeugt, niedergeschrieben hat gemäß der Überlieferung
derer, die von Anfang an Augenzeugen und Diener des Wortes waren, und
deren Erzählungen insgesamt er, wie er weiter versichert, von allem Anfang
an nachgegangen ist. Die zweite Schrift ist die Apostelgeschichte, die er nicht
mehr nur als Hörer (fremder Berichte), sondern als Augenzeuge verfaßt hat. 7.
Es wird aber behauptet, daß Paulus üblicherweise das Evangelium nach Lukas
im Sinn gehabt habe, wann immer er sagte (als schreibe er über ein eigenes
Evangelium): ‚nach meinem Evangelium'".

Im ersten Satz scheint Hieronymus die Stichworte *Syrus* und *arte* weggelassen zu
haben, obwohl er *in Matth.* praef. lin. 34 [CC 77] schreibt: *tertius L u c a s medicus natione* **Syrus** *Antiochensis*, und obwohl der limitative Ablativ **arte** durch den
Bezugsakkusativ τὴν ἐπιστήμην gestützt wird. Der Prologverfasser hat also sein

---

113 R. HÜBNER (brieflich) erinnert an 2Tim 3,16 πᾶσα γραφὴ θεόπνευστος (das Kompositum
    begegnet nur hier im NT).

arte nicht aus Hieronymus gewinnen können, wohl aber aus der gemeinsamen lateinischen Vorlage Ω, die Hieronymus nachlässig wiedergibt[114]. Dasselbe gilt für den anschließenden Partizipialsatz τὰ πλεῖστα συγγεγονὼς τῷ Παύλῳ, καὶ τοῖς λοιποῖς δὲ οὐ παρέργως τῶν ἀποστόλων ὡμιληκώς, dessen zweites Glied nur im Prolog (*discipulus apostolorum*) eine Entsprechung hat, nicht bei Hieronymus.

Einen schlagenden Beweis für die Unabhängigkeit des Prologs von der Darstellung des Hieronymus liefern dann die anschließenden Abschnitte, in denen Hieronymus die Textabfolge der gemeinsamen Vorlage gewaltsam geändert hat, während der Lk-Prolog die ursprüngliche Fassung des Euseb spiegelt, wie sie in frei umgesetzter, latinisierter Form durch Ω weitergegeben wurde. Für den eiligen Leser ist die Diskrepanz im Zweispaltentext optisch sinnfällig gemacht: Das doppelt unterstrichene Textsegment 4–6 der linken Spalte, das vom Evangelium (und seinen Gewährsmännern) handelt (*descripsit evangelium, q u o d*), geht im Lk-Prol. dem einfach unterstrichenen Abschnitt (7), der den Evangelisten Lukas (*ipse ... de quo*) durch Paulus-Zitate charakterisiert (2Kor 8,18; Kol 4,14), vorauf; bei Hieronymus folgt er als Abschnitt 4b–5, der durch die Einschaltung eines langen Zwischenpassus von dem voraufstehenden Zitatenabschnitt (einfach unterstrichen) getrennt ist. Die hinter allen späteren Adaptationen stehende „Urvorlage" des Euseb bestätigt aber die Abfolge 3–6 des Prologs als genuin:

τῷ τε εὐαγγελίῳ, ὃ καὶ χαράξαι μαρτύρεται καθ᾽ ἃ παρέδοσαν αὐτῷ οἱ ἀπ᾽ ἀρχῆς αὐτόπται καὶ ὑπηρέται γενόμενοι τοῦ λόγου[115]

---

114 Zu *Graeci sermonis non ignarus fuit* vgl. Hier. in Is. 3,6,9.10 lin. 36 [CC 73,1,2] *evangelistam Lucam tradunt veteres ecclesiae tractatores medicinae* **artis** *fuisse scientissimum et magis Graecas litteras scisse quam Hebraeas, unde et sermo eius tam in evangelio quam in actibus apostolorum, id est, in utroque volumine, comptior est, et saecularem redolet eloquentiam, magisque testimoniis Graecis utitur quam Hebraeis;*

„Vom Evangelisten Lukas berichten die alten Kirchenschriftsteller, daß er äußerst kundig in der Heilkunst gewesen sei und besser Griechisch als Hebräisch gekonnt habe. Daher ist denn auch seine Sprache sowohl im Evangelium als auch in der Apostelgeschichte, das heißt also, in beiden Werken recht gefällig und läßt die heidnische Beredtsamkeit durchhören; auch bedient er sich mehr griechischer als hebräischer Zeugnisse."

Hier. epist. 20,4,4 *Lucas igitur, qui inter omnes evangelistas Graeci sermonis eruditissimus fuit, quippe ut medicus et qui in Graecis evangelium scripserit, quia se vidit proprietatem sermonis transferre non posse, melius arbitratus est tacere, quam id ponere, quod legenti faceret quaestionem.*

„So hielt es denn Lukas, der unter allen Evangelisten der kundigste in der griechischen Sprache ist (war er doch Arzt und schrieb sein Evangelium in Griechenland), für besser zu schweigen (da er sich außerstande sah, die Eigentümlichkeit des Ausdrucks zu übertragen), als ein Wort zu wählen, das dem Leser zu Fragen Anlaß geben müßte."

115 Die Übersetzung ist weiter oben im Gesamtzusammenhang gegeben.

hoc descripsit **evangelium**, 4. *quod* ... *didicerat* ... . 6. *et a quibus uudierit apostolis ipse <u>declarat</u> dicens: 'sicut tradiderunt nobis qui a principio ipsi viderunt et
ministri fuerunt sermonis'* [Lk 1,2].

Sie kann unmöglich durch den Verfasser des Prologs auf der Grundlage von Hieronymus gewonnen sein, geht also auf den Autorenkatalog Ω zurück. Diesen hat Hieronymus gleich doppelt mißbraucht, indem er in Hier. § 4 (*quidam suspicantur* ...)
auch noch die lateinische Entsprechung zu dem an sich später folgenden Abschnitt
Eus. h.e. 3,4,7 (φασὶν δ' ...) vor 3,4,6 bringt und diesen Satz durch ein gleichord-
nendes *et* mit dem Satz Prol. § 4 (doppelt unterstrichen) verbindet. Auf diese Weise
werden nun zwei disparate Aussagen gleichgeordnet und von dem gemeinsamen
Verb *suspicantur quidam* abhängig gemacht: Wir greifen einen der nicht wenigen
Auswüchse des zuweilen chaotischen Schaffensprozesses, in dem Hieronymus diese
Schrift aus mancherlei Quellen zusammengestellt und offenbar unrevidiert publi-
ziert hat.

Zu diesen Ungereimtheiten zählt auch das Fehlen einer Entsprechung zu Lk-
Prol. 2, insbesondere zu der Nachricht *octoginta quattuor annorum o b i i t in Bi-
thynia plenus spiritu sancto*. Das hat zur Folge, daß Hieronymus am Ende (6) von
Lukas' Grab und der Translation nach Konstantinopel[116] spricht, seinen Tod aber
nirgends erwähnt[117]. Das kann schwerlich in der Vorlage begründet gewesen sein;
denn im Mk-Abschnitt heißt es (vir. ill. 8,5) *m o r t u u s   e s t* autem octavo Neronis
anno et *s e p u l t u s Alexandriae, succedente sibi Anniano*, und in der Joh-Vita (vir.
ill. 9,7) *et confectus senio et sexagesimo octavo post passionem domini anno m o r t u u s,
iuxta eandem urbem s e p u l t u s   e s t*. Soviel aber ist sicher: Der anonyme Verfasser
der Prologe greift nicht auf Hieronymus zurück. Er geht ihm vielmehr zeitlich voraus, vermutlich um ein halbes Jahrhundert.

---

116 Diese erfolgte im Jahr 357, s. REGUL 202.
117 Dagegen wird von den Acta Apostolorum zweimal gesprochen (Hier. 2 und 5b). Die letzte
   Nennung (5b *igitur* **evangelium**, <u>sicut audierat</u>, *scripsit*; **acta** *vero* **apostolorum**, <u>sicut viderat</u>
   ipse, conposuit) ist eine (vermutlich durch Ω vermittelte) Reminiszenz an Eus. h.e. 3,4,6: ἐν
   δυσὶν ἡμῖν ὑποδείγματα θεοπνεύστοις κατέλιπεν βιβλίοις, τῷ τε εὐαγγελίῳ ... καὶ ταῖς
   τῶν ἀποστόλων Πράξεσιν, ἃς οὐκέτι <u>δι' ἀκοῆς</u>, <u>ὀφθαλμοῖς δὲ παραλαβὼν</u> συνετάξατο (die
   Übersetzung ist weiter oben gegeben).

V. Die Quellen des lateinischen *Index auctorum christianorum* Ω

Hieronymus und der anonyme Verfasser der Evangelien-Prologe nutzen beide unabhängig voneinander den gleichen lateinischen Katalog christlicher Autoren (Ω),
dessen Existenz aufgrund der hier angestellten Untersuchungen postuliert werden
muß. In ihm war ausgiebig Euseb verwertet[118] und damit indirekt zugleich die bei
Euseb ausgeschriebenen Nachrichten aus Papias, Irenäus, Klemens von Alexandrien
und andere. Es stellt sich die Frage, ob wir weitere direkt oder mittelbar benutzte
Quellen der Evangelienprologe benennen können.

1. Irenäus und Tertullian

Schon ZAHN (744) hat auf die enge Verwandtschaft zwischen Lk-Prol. 9. 11
und Iren. 3,14,3 (mit Verweis auf 3,15,1) aufmerksam gemacht. Hier die
Textsegmente im Vergleich:
    a) Beide Autoren zitieren Lk 1,2, um die Gewährsmänner zu benennen, auf die
sich Lukas bei der Niederschrift seines Evangeliums stützt:

> Lk-Prol. 6. et *a quibus audierit* apostolis ipse declarat dicens: ,sicut tradiderunt
> nobis qui a principio ipsi viderunt et ministri fuerunt sermonis' Lk 1,2). ... 8.
> Igitur hoc evangelium sicut audierat ipse conposuit.
> Iren. lat. 3,14,2 (lin. 69 [SC 211]) sic igitur et L u c a s nemini invidens ea
> quae *ab eis didicerat* tradidit nobis, sicut ipse testificatur dicens: ,Quemadmodum
> tradiderunt nobis qui ab initio contemplatores et ministri fuerunt Verbi' (Lk 1,2).

Die Divergenz im gedanklichen Zusammenhang und im Wortlaut des Lukaszi-
tats läßt eine direkte Abhängigkeit des Lk-Prologs von der lateinischen Version des
Irenäus als zweifelhaft erscheinen[119]. Also liegt vermutlich der griechische Irenäus
zugrunde (möglicherweise als Zitat-Auszug in der Vorlage des lateinischen Autoren-
Index). Das gilt auch für den folgenden Abschnitt:
    b) Viele überaus wichtige Ereignisse des Heilsgeschehens und viele Taten des
Herrn werden nur im Lukasevangelium berichtet. Irenäus zählt jeweils den ganzen
Katalog all dieser Ereignisse und Taten (einschließlich Geburt und Taufe des Jo-
hannes) auf:

---

118 Ein großer Teil der Belege ist in den oben mitgeführten Quellenapparaten nachgewiesen.
119 Über das Alter der lateinischen Irenäus-Version scheint eine exakte Aussage bisher nicht
    möglich. Im ThLL wird die 2. Hälfte des 4. Jh.s (mit Fragezeichen) in Erwägung gezogen.
    R. HÜBNER (brieflich) verweist auf B. HEMMERDINGER, in: SC 100.1, Iren. haer. IV, S. 16[4].
    Dort wird das Urteil H. DODWELLS (Dissertationes in Irenaeum, Oxford 1689, 405) refe-
    riert: „crediderim occasione Priscillianistarum versionem hanc Irenaei fuisse elaboratam."

Iren. lat. 3,14,3 (lin. 69 [SC 211]) lin. 76: *plurima enim et **magis necessaria***[120] *Evangelii per hunc cognovimus, sicut **Iohannis generationem**, et de Zacharia historiam, et ... et **baptismum Iohannis**;* lin. 91: *et omnia huiusmodi per solum Lucam cognovimus, et plurimos **actus Domini** per hunc didicimus (...).*

Der Prologverfasser dagegen spricht pauschal von den „Herrentaten" und stellt deren heilsgeschichtliche Bedeutsamkeit heraus; im Konkreten beschränkt er sich auf die Figur Johannes' des Täufers[121]:

Lk-Prol. 9 *significans per principium eius **maximam necessitatem** incumbere Graecis fidelibus* <u>cum summa diligentia</u> o m n e m <u>veritatem</u> *gestorum domi-nicorum dispositionemque narratione sua exponere* 10. *ideo, ne ... exciderent u* <u>veritate.</u> 11. *Itaque **perquam necessariam** statim in principio <prae>sumpsit **Iohannis nativitatem**, qui est* <u>initium evangelii</u>, *praemissus Domini nostri Iesu Christi, et fuit socius ad perfectionem populi, item introductionis **baptismi** atque passionis socius.*

c) Beide Autoren heben – offensichtlich mit Blick auf Lk 1,3f. – die Sorgfalt der Darstellung und den Wahrheitsanspruch des Lukas hervor; vgl. o. Lk-Prol. 9 und die folgende Perikope aus

Iren. haer. 3,15,1 (lin. 17 [SC 211]) *Neque enim contendere possunt Paulum non esse apostolum, quando in hoc sit electus; neque* L u c a m *mendacem esse possunt ostendere,* <u>veritatem</u> *nobis* <u>cum o m n i diligentia</u> *adnuntiantem. Fortassis enim et propter hoc operatus est Deus plurima Evangelii ostendi per Lucam quibus **necesse haberent** omnes uti, ut, [sequenti] testificationem (Zw., -ni codd.)[122] eius, quam habet **de actibus** et doctrina apostolorum, omnes sequentes et regulam* <u>veritatis</u> *inadulteratam habentes salvari possint.*

„Denn weder können sie behaupten, Paulus sei kein Apostel, da er doch dazu erwählt wurde, noch können sie zeigen, daß Lukas ein Lügner ist, da er uns doch einen mit aller Sorgfalt ausgeführten Wahrheitsbericht ankündigt. Vielleicht hat ja Gott deshalb es so eingerichtet, daß sehr viele Dinge und Ge-

---

120 In den griechisch überlieferten Partien des Irenäus läßt sich ein Komparativ (oder Superlativ) von ἀναγκαῖος nicht nachweisen: vgl. aber 2,22,5 (lin. 122 [SC 294]) *et **magis necessariam** et magis honorabilem aetatem eius auferentes.*

121 Die einander entsprechenden Textstücke sind analog markiert. Einfache und doppelte Unterstreichung, ferner Fettdruck mit punktierter Unterstreichung heben Entsprechungen zu den nachfolgenden Zitatausschnitten hervor.

122 Statt des überlieferten *sequenti testificationi* erfordert der Sinn m.E. die Tilgung von *sequenti* (durch das folgende *sequentes* suggeriert?) und *testificationem* (mit *omnes sequentes* zu verbinden).

schehnisse des Evangeliums durch Lukas aufgezeigt werden, deren sich alle
notwendigerweise bedienen müßten, damit sie, seinem Zeugnis, das er über
die Taten und Lehre der Apostel abgibt, alle folgend, im Besitz der unver-
fälschten Richtschnur der Wahrheit, gerettet werden könnten."

In Lk-Prol. 11 (s.o.) wird Johannes der Täufer als der Beginn des Evangeliums (des
neuen Bundes) bezeichnet, in Lk-Prol. 12 die typologische Verkettung zwischen
Elias und Johannes im Heilsplan Gottes durch das bei Malachias und zu Beginn des
Markus-Evangeliums aufgerufene Jesaias-Zitats beschworen[123]. Auch diese Motive
finden ihre Entsprechung bei Irenäus, am ausführlichsten aber in Tertullians adv.
Marcionem, wo Johannes der Täufer die Scheide zwischen Altem und Neuem Bund
bildet. Ob der Verfasser des Lukas-Prologs darin einem der beiden Autoren direkt
(oder mittelbar) verpflichtet ist, läßt sich nicht sicher sagen. Hier einige Belege:

Iren. 3,10,6 (lin. 175 [SC 211]) *Quapropter et M a r c u s, interpres et secta-*
tor Petri, **initium Evangelicae** *conscriptionis fecit sic: ,***Initium Evangelii** *Iesu*
Christi Filii Dei, quemadmodum scriptum est **in prophetis***: Ecce mitto angelum*
meum ante faciem tuam qui praeparabit viam tuam. Vox clamantis in deserto:
Parate viam Domini, rectas facite semitas ante Deum nostrum,' manifeste **ini-**
tium Evangelii *esse* **dicens sanctorum prophetarum voces***, et eum quem ipsi*
Dominum et Deum confessi sunt hunc Patrem Domini nostri Iesu Christi **prae-**
monstrans*, qui et promiserit ei* **a n g e l u m   s u u m   ante** *faciem eius* **missu-**
rum, q u i   e r a t   I o h a n n e s*, in Spiritu et virtute* **Heliae** *clamans in eremo:*
,Parate viam Domini, rectas facite semitas ante Deum nostrum'.

„Aus diesem Grund hat auch Markus, Interpret und Begleiter des Petrus, den
Beginn seiner Evangelienschrift wie folgt ausgeführt: ,Anfang des Evangeliums
Jesu Christi, des Sohnes Gottes, wie geschrieben steht in den Propheten: Siehe,
ich sende meinen Boten deinem Angesicht voraus, der deinen Weg bereiten
wird. Stimme eines Rufenden in der Wüste: Bereitet dem Herrn den Weg,
macht gerade die Pfade vor unserem Gott (~ vor der Ankunft unseres Gottes).'
Auf diese Weise macht er offenbar, daß der Beginn des Evangeliums die Stim-
men (~ prophetischen Worte) der heiligen Propheten sind, und er zeigt im
Vorgriff an, daß er, den eben diese Propheten als Herrn und Gott bekannt
haben, der Vater unseres Herrn Jesus Christus ist, der ihm auch versprochen
habe, seinen Engel seinem Angesicht vorauszuschicken. Dieser Engel aber war
Johannes, der im Geiste und in der Kraft des Elias in der Wüste ruft: ,Bereitet
den Weg dem Herrn, macht gerade die Pfade vor unserem Herrn.'"

---

123 Siehe o. Anm. 23 und 24.

Tert. adv. Marc. 4, 11,4; 4,18,4–7; 4,33,7 *didicit igitur usque ad Iohannis tempora atque ita exinde processit adnuntiare regnum dei dicens:* **Lex et prophetae** <u>usque ad</u> **Iohannem**; <u>ex quo</u> *regnum dei adnuntiatur* (Lk 16,16). *4,33,8 quasi non et nos* <u>limitem</u> *quendam agnoscamus* **Iohannem** *constitutum* <u>inter vetera et nova</u>, <u>ad quem</u> *desineret Iudaismus et* <u>a quo</u> *inciperet Christianismus, non tamen, ut ab alia virtute facta sit sedatio* **legis et prophetarum** *et* <u>**initiatio evangelii**</u>, *in quo est ,dei regnum‘, Christus ipse. nam et si probavimus, et* <u>vetera</u> *transitura et* <u>nova</u> *successura praedicari a creatore, si et* **Iohannes antecursor et praeparator** *ostenditur viarum domini* <u>**evangelium superducturi**</u> *et regnum dei promulgaturi, et ex hoc iam, quod Iohannes venit, ipse erit Christus, qui* **Iohannem** *erat subsecuturus ut antecursorem; et, si desierunt* <u>vetera</u> *et coeperunt* <u>nova</u> **interstite Iohanne**, *non erit mirum quod* **ex dispositione est** *creatoris, ut unde (inde? Zw.) magis probetur † ... † quam* **ex legis et prophetarum** *in Iohanne* [m] (del. Zw.) <u>occasu</u> *et exinde* <u>ortu</u> *regni dei.*

„Er lernte also [sc. der Gott Markions] bis hinab zu den Zeiten des Johannes und trat demgemäß von da an hervor, das Reich Gottes zu künden mit den Worten: Gesetz und Propheten reichen bis zu Johannes; mit Beginn seines Wirkens wird das Reich Gottes verkündet." Als ob nicht auch wir in Johannes eine Art Grenzscheide anerkennten, die zwischen das Alte und das Neue gelegt ist; bis zu ihr reicht das Judentum, mit ihr beginnt das Christentum; freilich nicht so, als ob durch eine andere Kraft die Stillegung des Gesetzes und der Propheten bewirkt worden wäre und die Einsetzung des Evangeliums, in dem das Reich Gottes begründet ist, Christus selbst. Denn wenn wir anerkannt haben, daß vom Schöpfer verkündet wird, das Alte werde vergehen und das Neue nachfolgen, und wenn in der Person des Johannes in Erscheinung tritt der Vorläufer und Vorbereiter der Wege des Herrn, der die Frohbotschaft <dem Alten Testament> überziehen (d.h. an seine Stelle setzen) und das Reich Gottes öffentlich bekannt machen wird, dann wird auch schon aufgrund der Tatsache, daß Johannes gekommen ist, auch Christus selbst sein, der doch dem Johannes als seinem Vorläufer folgen sollte; und wenn das Alte aufgehört und das Neue begonnen hat mit Johannes als Zwischen-Trennmarke, dann wird nicht verwunderlich sein, daß es gemäß dem Heilsplan des Schöpfers geschieht, daß daraus mit größerem Nachdruck bewiesen wird † ... † als aus der Tatsache, daß in Johannes der Untergang von Gesetz und Propheten erfolgt und mit ihm der Aufgang des Reiches Gottes.“). Vgl. weiter 4,33,9 und adv. Marc. 5,2,1.

2. Fortunatianus?

Vor der Mitte des vergangenen Jahrhunderts hat R. EISLER den Versuch unternommen, die drei antimarkionitischen Prologe mit der leicht revidierten „afrikanischen" Neuedition der Evangelien in Zusammenhang zu bringen, die nach Diokletians

Edikt vom 23. Febr. 303 („ordering the wholesale confiscation and destruction of
the sacred books of the Christian Church") und der Wiedererlangung der freien
Kultausübung durch Konstantins sog. Mailänder Reskript des Jahres 313 notwendig geworden sei[124]. Urheber der neuen „African standard edition" und der „sum-
maries and prefaces attached to it" (9) sei der Bischof Fortunatianus von Aquileia
gewesen, den Hieronymus ausdrücklich als eine seiner Quellen nennt:

> Hieronymus „praises as a real gem, and confesses to have used himself the
> ,short notes' to the Gospels which 'Fortunatian an African by birth, Bishop
> of Aquileia under the Emperor Constantius, wrote in rustic language, having
> arranged their chapter-headings (*tituli*) in due order'" (EISLER 9). Dies ist eine
> verkürzte Zusammenfassung der folgenden (von Eisler nicht benannten) Tex-
> te: Hier. vir. ill. 97 *F o r t u n a t i a n u s, natione Afer, Aquileiensis episcopus,
> imperante Constantio in evangelia titulis ordinatis brevi sermone rusticoque scrip-
> sit commentarios*; in Matth. praef. lin. 91 [CC 77] *legisse me fateor ante annos
> plurimos*: es werden zunächst die griechischen Autoren Origenes, Theophilus,
> Hippolyt, Theodor, Apollinaris von Laodicea und Didymus von Alexandrien
> genannt, dann folgt: *e t L a t i n o r u m Hilarii, Victorini, F o r t u n a t i a n i
> opuscula*. Wichtig ist schließlich der Brief an Paulus von Concordia (epist.
> 10), in dem sich Hieronymus vom Adressaten als Gegenleistung für sein Ge-
> burtstagselogium und das Geschenk der *Vita Pauli* drei Schriftwerke erbittet,
> darunter die Evangelien-Kommentare des Bischofs Fortunatianus, die er als
> überaus kostbar einschätzt: *et ne putes modica esse, quae deprecor, margaritam
> de evangelio postularis, eloquia domini, eloquia casta, argentum igne examinatum
> terrae, purgatum septuplum, scilicet c o m m e n t a r i o s F o r t u n a t i a n i et
> propter notitiam persecutorum Aurelii Victoris historiam simulque epistulas No-
> vatiani (...).*

Aber die „,short notes' to the Gospels which Fortunatian ... wrote in rustic lan-
guage" verdanken ihre Existenz einer fehlerhaften Variante (*breves sermone*) im
lateinischen Text[125]. In Wirklichkeit berichtet Hieronymus lediglich, daß Fortunatianus unter der Herrschaft des Kaisers Constantius (337–361) einen „Evangelienkommentar, geordnet nach Kapiteln [bzw. nach den Anfangsworten einzelner
Textabschnitte], in einem knappen und wenig geschliffenen Stil"[126] verfaßt habe.
Glücklicherweise ist der verschollen geglaubte Kommentar, den man in die Mitte
des 4. Jh.s setzt, jüngst wiederentdeckt (wenn auch noch nicht ediert) worden[127]:

---

124 Siehe EISLER (1938) 8–12 (mit irriger Zuordnung der Prolog-Versionen); vgl. BARTHOLD
    115.
125 Siehe BATHOLDS Apparat.
126 Siehe DORFBAUER (2013) 180f.
127 Siehe DORFBAUER (2013). Ich habe die Kölner Handschrift im Internet (grob) überprüft.

Weder handelt es sich um „kurze Listen" (*breves*) noch finden sich in ihm ‚unsere' drei antihäretischen Prologe. Doch gibt es in einem Passus auffällige Übereinstimmungen mit einigen Prolog-Stellen; dies wird hier durch analoge Markierungen sinnfällig gemacht:

> Fortunatian. fol. 85ᵛ (DORFBAUER 185²²): **Cum ergo iam scripta essent evangelia per Mattheum** et Lucanum iuxta h u m a n a m **nativitatem** – *qui Lucas fuerat discipulus Pauli* – **et per Marcum** *qui fuerat discipulus Petri*, et *multae* **hereses consurgerent** *propter deitatem filii dei*, alii *ex Maria* tantummodo confitebantur, alii **nec natum** *per Mariam*, sed more angelorum venisse dicebant, variis igitur intencionibus *de cuius* **nativitatem** et variis disputacionibus, prout cuique libitum erat, exdisserebant, **Iohannes** igitur **novissimus coactus est evangelium** conscribere; † quod (quo Zw.) *quid filii dei* **ante fuerit** et quomodo carnem acceperit † ut utraquae † per spiritum sanctum diligenti moderatione conponens tali utitur principio, *ut omnibus* **haereticis** aeternum silencium inponeret utpote secretorum omnium scius (85ᵛ).

„Nachdem also bereits Evangelien durch Matthäus und Lukas bezüglich der Menschwerdung geschrieben waren (dieser Lukas war ein Schüler des Paulus) und durch Markus, der ein Schüler des Petrus war, und viele Häresien entstanden hinsichtlich der Göttlichkeit des Gottessohnes – die einen bekannten, er sei allein aus Maria geboren, die anderen behaupteten, er sei auch nicht durch Maria geboren, sondern nach Art von Engeln (in die Welt) gekommen; ein jeder also äußerte sich ausführlich in vielerlei Behauptungen über Christi Geburt und vielerlei Disputen gerade so wie es ihm beliebte – da sah sich denn als letzter auch Johannes herausgefordert, ein Evangelium zu schreiben. Als er in diesem, geleitet durch den heiligen Geist, in sorgfältiger Abgewogenheit darlegte, was der Sohn Gottes zuvor (= vor seinem Kommen in die Welt) gewesen sei und wie er Fleisch angenommen habe, da wählte er einen solchen Auftakt, daß er allen Häretikern ewiges Schweigen auferlegte, war er doch aller Geheimnisse kundig."

> Lk-Prol. 3: *Igitur* **cum iam scripta essent evangelia, per Mattheum** *quidem in Iudaea*, **per Marcum** *autem in Italia, sancto instigante spiritu in Achaiae partibus hoc* **descripsit evangelium**,
> Lk-Prol. 1: *Lucas ... discipulus apostolorum, postea vero Paulum secutus*
> Mk-Prol. 1: **Marcus ...** , *hic discipulus et interpres fuit Petri*
> Joh-Prol. 1: **Iohannes** *apostolus ...* **novissimus** *omnium* **scripsit** *hoc* **evangelium postulantibus** *Asiae episcopis adversus Cerinthum aliosque* **haereticos** *et maxime tunc Ebionitarum dogma* **consurgens***, qui asserunt ... Christum* **ante***quam de*

Maria nasceretur non **fuisse** **nec natum** *ante saecula de Deo patre. unde etiam* **conpulsus est** *d.i.v.i.n.a.m. eius a patre* **nativitatem** *dicere*[128].

Wenn hier eine direkte Abhängigkeit vorliegen sollte, so könnte nur Fortunatian der Nehmende sein, der zwei Partien aus den Lukas- und Johannes-Prologen miteinander kontaminiert, möglicherweise unter zusätzlicher Berücksichtigung von Mk-Prol. 1. Denn gleich im ersten Satz hat er den in Lk-Prol. 3 sorgfältig gewahrten Parallelismus zerstört, indem er Lukas mit Matthäus zusammenwirft, danach aber nur Lukas und Markus in je einem parallelen Relativsatz einander gegenüberstellt. Man wird aber gut beraten sein, vorsichtshalber den lateinischen Autorenindex Ω als gemeinsame Quelle anzusetzen, aus dem später auch Hieronymus schöpfen wird. Fortunatian schreibt um die Jahrhundertmitte; der erschlossene Autorenkatalog liegt voraus, kennt aber die *Kirchengeschichte* Eusebs[129]. Wenn wir zusätzlich die eingangs besprochenen Hinweise EISLERs auf die historischen Zeitumstände (Diokletians Edikt und das sog. Reskript Konstantins von 313) aufgreifen, dürfte sich eine Datierung des lateinischen Katalogs um 325–330 empfehlen. Der Verfasser der drei antihäretischen Prologe könnte wenige Jahre später gefolgt sein[130].

3. ecclesiasticae historiae

Da Hieronymus unabhängig vom Prologverfasser auf den erschlossenen Autorenkatalog zurückgeht, ist zu fragen, ob eine der von Hieronymus genannten Quellen[131] mit dem *Index auctorum* Ω identifiziert werden kann. Als erstes treten – in Analogie zu Eusebs *Kirchengeschichte* – weitere *ecclesiasticae historiae* in den Blick. Eine solche nennt Hieronymus im Anschluß an den oben ausgeschriebenen antihäretischen Johannes-Abschnitt seiner Praefatio zum Mt-Kommentar[132]: Er beruft sich auf eine „Kirchengeschichte" (lin. 50 *unde et ecclesiastica narrat historia ...*), die aber in diesem Falle nicht mit der auf uns gekommenen Eusebfassung identisch sein kann.

---

128 Zusätzlich sei auf die Entsprechung des Kolons *demonstrans filium dei in carne venturum* (fol. 43ᵛ, s. DORFBAUER 188[36]) mit der oben genannten monarchianischen Interpolation *Christi in carnem venturi* verwiesen, s.o. Anm. 17.

129 Zu den möglicherweise vier oder fünf Fassungen, die noch zu Eusebs Lebzeiten erschienen sind, und den Einwirkungen der Diokletianischen Christenverfolgung s. ZWIERLEIN (2014) 110–117.

130 Nur angedeutet sei, daß auch (indirekte?) Beziehungen Fortunatians zu Irenäus vermutet werden können, man vergleiche Fortunatians allegorische Ausdeutungen der Vierzahl der Evangelien im 1. Teil des Vorworts (DORFBAUER 184. 186) und Iren. haer. 3,11,8.

131 Siehe BARTHOLDs Kapitel 12 („Quellen, Arbeitsmittel und Arbeitsweise des Hieronymus"), S. 113–125.

132 Siehe S. 47.

Da Hieronymus zu Mt 10,4 (CC 77 p. 64, lin. 1520f.) auch sein Wissen über den Apostel Thaddäus auf eine *ecclesiastica historia* zurückführt[133] und mehrmals von *ecclesiasticae historiae* (im Plural) spricht[134], scheinen wir auf mehrere Verfasser von Kirchengeschichten verwiesen zu werden. Doch läßt sich die Junktur wohl allgemeiner fassen, im Sinne von „kirchliche Berichte" oder „kirchliche Traditionen"[135].

4. Die *Pinakes* des Pamphilus und der *Index librorum bibliothecae Caesareensis* in Eusebs *Vita Pamphili*

Im sechsten Buch seiner *Kirchengeschichte* unterbricht Euseb seine Ausführungen über Origenes mit der folgenden Bemerkung (6,32,3):

> „Doch wozu an dieser Stelle ein genaues Verzeichnis der Schriften dieses Mannes erstellen, das eine eigene Abhandlung erforderte? Zudem habe ich ein solches bereits angefertigt in der Biographie des heiligen Märtyrers Pamphilus, unseres Zeitgenossen. Dort habe ich den großen Eifer des Pamphilus in den theologischen Disziplinen geschildert und dabei auch die *Pinakes* (die Verzeichnisse) der von ihm zusammengebrachten Bibliothek der Schriften des Origenes und der übrigen Kirchenschriftsteller beigefügt. Aus ihnen kann, wer mag, die auf uns gekommenen Früchte des Fleißes des Origenes in Gänze kennenlernen."[136]

Man darf vermuten, daß sich Pamphilus und Euseb mit diesen *Pinakes* der christlichen Bibliothek zu Cäsarea in die Tradition jener *Pinakes* stellen, die Kallimachos von der berühmten Bibliothek Alexandrias, dem Museion, angefertigt hat: ein 120 Bücher umfassendes Verzeichnis von „in allen Bildungszweigen hervorragenden Personen und ihren Werken"[137]. Solche *Pinakes* erschöpften sich nicht in einem reinen Autoren- und Werkskatalog, sondern sie boten Raum für weitere bio- und bibliographische Angaben u.a. auch über benutzte Quellen, chronologische Daten (Zeitpunkt der Veröffentlichung), echtheitskritische Bedenken, etc. Demgemäß

---

133 R̲E̲G̲U̲L̲ 237.

134 Siehe B̲A̲R̲T̲H̲O̲L̲D̲ 280.

135 Siehe R̲E̲G̲U̲L̲ (228–237) – in ausführlicher Auseinandersetzung mit C̲O̲R̲S̲S̲E̲N̲ (272–292).

136 Eus. h.e. 6,32,3 τί δεῖ τῶν λόγων τἀνδρὸς ἐπὶ τοῦ παρόντος τὸν ἀκριβῆ κ α τ ά λ ο γ ο ν ποιεῖσθαι, ἰδίας δεόμενον σχολῆς; ὃν καὶ ἀνεγράψαμεν ἐπὶ τῆς τοῦ Παμφίλου βίου τοῦ καθ᾽ ἡμᾶς ἱεροῦ μάρτυρος ἀναγραφῆς, ἐν ᾗ τὴν περὶ τὰ θεῖα σπουδὴν τοῦ Παμφίλου ὁπόση τις γεγόνοι, παριστῶντες, τῆς συναχθείσης αὐτῷ τῶν τε Ὠριγένους καὶ τῶν ἄλλων ἐκκλησιαστικῶν συγγραφέων βιβλιοθήκης τ ο ὺ ς π ί ν α κ α ς παρεθέμην, ἐξ ὧν ὅτῳ φίλον, πάρεστιν ἐντελέστατα τῶν Ὠριγένους πόνων τὰ εἰς ἡμᾶς ἐλθόντα διαγνῶναι.

137 Siehe N. W̲I̲L̲S̲O̲N̲, in: H.-G. N̲E̲S̲S̲E̲L̲R̲A̲T̲H̲ (Hrsg.), Einleitung in die Griechische Philologie, Stuttgart 1997, 92.

hat man auch für den *Index* des Pamphilus und die von Euseb erwähnten πίνακες erschlossen, daß sie neben Autorennamen, Werktitel und echtheitskritischer Einschätzung auch Kurzbiographien mit prosopographischen Angaben über kirchliche Ämter, Häresien, Tod und Grab enthielten[138]. Sogar einige westliche Autoren waren in diese *Pinakes* integriert, darunter Irenäus, Hippolytus und die Lateiner Tertullian und Cyprian[139].

In einer solchen *Pinakes*-Sammlung von Kirchenautoren hatten – ganz wie bei Hieronymus (vir. ill.) und Euseb (h.e.) – auch die Evangelisten ihren angemessenen Platz. Wir dürfen also vermuten, daß eine wichtige Quelle für den hier postulierten Katalog von Kirchenschriftstellern (Ω) eine *Pinakes*-Sammlung nach dem Muster des Pamphylus und Euseb war. Euseb hatte seine *Pinakes* der Bibliothek von Cäsarea, die hier einfachheitshalber als *Index auctorum christianorum* oder *Index librorum bibliothecae Caesareensis* bezeichnet werden, in das dritte Buch seiner verlorenen *Vita Pamphili* aufgenommen. Es konnte aber gezeigt werden, daß Hieronymus Eusebs *Vita Pamphili* und seinen *Index auctorum* spätestens seit 385 gekannt hat und offensichtlich in seinem eigenen Katalog *De viris illustribus* nutzt[140]. Bisher hat man als selbstverständlich angenommen, daß Hieronymus das griechische Original vor sich hatte. Der Vergleich mit den Evangelienprologen hat uns aber gelehrt, daß die gemeinsame Vorlage lateinisch abgefaßt war. Die prosopographisch-literaturgeschichtliche Liste der in der Bibliothek zu Cäsarea beheimateten Kirchenautoren war offenbar so kostbar und von überregionalem Interesse, daß sie bald ins Lateinische übersetzt wurde. Sie verkörpert den hier erschlossenen *Index latinus auctorum christianorum*, auf den sich sowohl der Verfasser der drei Evangelienprologe als auch Hieronymus in seinem Katalog *De viris illustribus* stützen. Ob ihn Hieronymus auch dort im Blick hat, wo er sich auf die oben besprochenen *ecclesiasticae historiae* bezieht, muß offen bleiben.

---

138 Siehe Bartholds Kapitel 11 („*vir. ill.* im Kontext der antiken Literaturgeschichtsschreibung: Gattung, Vorbilder"), S. 93ff.; zu Kallimachos (und Alexandria) dort 97f.; zu Pamphilus, Euseb und der Bibliothek von Cäsarea 108–113.

139 Barthold 109. Das scheint sich gut zu den oben vorgeführten potentiellen Anspielungen an Irenäus und Tertullian zu fügen, s. S. 60f.

140 Siehe Barthold 110f. 120 mit den Anmerkungen 494 und 547 und den Kommentar vor allem zu vir. ill. 54,8 und 57,2, ferner zu 60. 61. 62. 65. 83. Hervorgehoben seien die Belege Hier. adv. Rufin. 1,9 *ipse enim Eusebius, amator et praeco et contubernalis Pamphili, tres libros scripsit elegantissimos v i t a m P a m p h i l i continentes* ...; 2,22 (lin. 32) *numera* **indicem librorum** *eius* (sc. Origenis) *qui in tertio volumine Eusebii, in quo scribit v i t a m P a m p h i l i, continentur*; 2,23 (lin. 20f.) (Hieronymus hat vor 10 Jahren **auctorum nostrae religionis indicem** erstellt); epist. 34,1,1–2.

VI. Ergebnis

Die *Pinakes* des Euseb als Quelle des lat. Index Ω und die Chronologie der Evangelien-Prologe

Die drei antihäretischen Prologe sind von ein und demselben Autor verfaßt. Er hat auf eine bio- und bibliographische Vorlage, einen lateinischen Katalog christlicher Autoren (Ω), zurückgegriffen, dem auch Hieronymus in *De viris illustribus* verpflichtet ist. Es dürfte sich um die lateinische Version der *Pinakes*-Sammlung handeln, die Euseb in das dritte Buch seiner *Vita Pamphili* integriert hat. Damit erklären sich auch die vielen Reminiszenzen der Evangelienprologe (und des Autorenkatalogs Ω) an die *historia ecclesiastica* Eusebs und an die dort mitgeführten Zitate und Entlehnungen aus Papias, Irenäus, Klemens von Alexandrien und weitere Rückgriffe auf frühkirchliche Quellen. Hierher rührt auch die griechische Färbung mancher Prolog-Nachrichten[141]; sie ist kein Ausweis ursprünglich griechischer Herkunft der drei Prologe. Für griechische Provenienz des Originals spricht auch nicht der in einer griechischen Handschrift und in einem weiteren griechischen Handschriftenfragment erhaltene Griechischtext des Lukas-Prologs. Vielmehr haben wir dort die griechische Übersetzung einer lateinischen Vorlage vor uns, die dem Überlieferungszweig β angehört und dort dem Subhyparchetyp η, von dem auch unsere älteste lateinische Handschrift (ff) abstammt. Die wahre Gestalt der Prologe liegt uns nicht in der kurzen β-Fassung vor, sondern in den Langfassungen der α-Tradition.

Eusebs *Vita Pamphili* wird nicht später als ca. 315–320 entstanden sein. Der dort integrierte Bibliothekskatalog ist die Vorlage für den lateinischen *Index auctorum christianorum* (Ω); also rückt dieser in den Zeitraum um 330. Damit dürfte der Prologverfasser, der – wie später auch Hieronymus – auf Ω zurückgreift, in die Zeit um 340 zu datieren sein. Die bei der Spaltung der Prolog-Überlieferung entstandene Kurzfassung β hat vermutlich um 380 in ihrem Ableger μ eine priszillianische Umarbeitung erfahren[142]. Die sonstige β-Überlieferung zeigt sich bereits kurz nach 400 in ihrem frühesten Repräsentanten ff „in einer so verwilderten Gestalt, wie sie nur infolge andauernder Fortpflanzung zu entstehen pflegt" (ZAHN 744). Mit diesen Daten dürfte der chronologische Rahmen der Frühphase der antihäretischen Evangelienprologe abgesteckt sein. Sie sind in der uns heute vorliegenden Form in der lateinischen Kirche der späteren 1. Hälfte des 4. Jh.s entstanden, verkörpern

---

141 Siehe etwa o. zu Anm. 27 die sicher außerhalb Italiens formulierte Nachricht, Markus habe auf Bitten der Brüder in R o m sein Evangelium *in I t a l i a e partibus* geschrieben; vgl. Lk-Prol. 3 *in Achaiae partibus*. Bezeichnender Weise hat Hieronymus *in Italiae partibus* unterdrückt, s. S. 52.

142 Damit gewinnen wir für den Archetypus ω einen *terminus ante quem* ca. 370, s. Anm. 146.

aber eine durch Pamphilus und Euseb vermittelte Tradition, die in Zitaten, Paraphrasen und Entlehnungen bis ins 2. Jh. hinaufreicht. Ihren unmittelbaren Zeugnischarakter für die kanonischen und dogmatischen Auseinandersetzungen des 2. Jh.s haben sie verloren, sie können aber möglicherweise – bei behutsamer Analyse – zu gewissen Teilen als i n d i r e k t e Zeugnisse für die von HARNACK und der neueren Forschung postulierte römische (?) Gegenausgabe zum sog. Neuen Testament Markions in Anspruch genommen werden.

VII. Der Joh-Prolog und die Entstehung des Neuen Testaments

1. Das Papias-Fragment

Joh-Prol. 4: *Hoc igitur evangelium post apocalypsin scriptum manifestatum et datum est ecclesiis in Asia* **a I o h a n n e** *adhuc in corpore constituto, sicut* <u>P a p i a s</u> *nomine Hierapolitanus episcopus, discipulus* **Iohannis** *et carus, in* ἐξηγήσεως <u>suae</u> V⁰ *libro retulit;* <u>qui</u> *hoc evangelium* **Iohanne** <u>sibi</u> *dictante conscripsit. 5. Verum* <u>M a r c i o n</u> *hereticus, cum* **ab eo** *fuisset reprobatus eo quod contraria sentiret, proiectus est [a Iohanne].* <u>Hic</u> *vero scripta vel epistulas* **ad eum** *pertulerat a fratribus missas, qui in Ponto erant fideles in Christo Iesu Domino nostro.*

> **4** in ἐξηγήσεως suae V⁰ libro *Aberle 9. 11*: in exotericis (-tor- ζ) suis (suis *om.* β) id est in extremis quinque libris *codd.* (id est in extremis *vel interpreti vel glossatori attrib. Aberle et Harnack 806sq. [= 325sq.]*): in exegeticis suis ... libris *Hilgenfeld, cf. Lightfoot 213²* **5** a Iohanne *del. de Bruyne 208sq. (cf. Harnack 810 [= 329])*

Wir müssen kurz auf die beiden letzten Paragraphen der α-Langfassung zurückkommen[143]: Durch das Pronomen *suis*, das in β ausgelassen ist (§ 4), wird in α die Explikation *id est in extremis* von ihrem Bezugswort *in exotericis* getrennt und dadurch als Interlinear-Glosse kenntlich, die in den Archetypus eingetragen worden war. Den ursprünglichen Text hat im wesentlichen ABERLE (1854) 9 und 11f. wiedergewonnen: *in* ἐξηγήσεως *suae V⁰* (= *quinto*) *libro retulit.* Die Pluralform *in ... quinque libris* kam dadurch zustande, daß *in ... V⁰ LIB⁰* (so vermutlich im Autorenkatalog Ω) vom Kopisten durch *in ... V LIB.* wiedergegeben, also die Ordinalzahl durch die Kardinalzahl ersetzt wurde. Dieser Irrtum (des anonymen Prologverfassers?) veranlaßte dann den Schreiber des Archetyps ω (der vielleicht mit den λόγοι ἐξωτερικοί des Aristoteles vertraut war)[144], die lateinische Umsetzung des griechischen Titels

---

143 Siehe o. S. 24ff.
144 Siehe EISLER (1930), 358.

ΕΞΗΓΗΣΕΩΣ auf *in ... quinque libris* auszurichten. Das führte zu der Verschreibung *exotericis* und zugleich zur Angleichung des Pronomens (*suis* statt *suae*). Der
im Zusammenhang dunkle Begriff *exotericis* wurde dann (wir haben vermutlich eine
Überlieferungsstufe ω' anzusetzen) durch die über die Zeile geschriebene Glosse *id
est in extremis* erläutert. Als die Interlinearglosse später in den Haupttext übernommen wurde, verdrängte sie in β das Pronomen *suis*, während es in α erhalten blieb.

Die durch Aberle wiedergewonnene Zitierweise entspricht ganz den sonstigen
Papiaszitaten; verwiesen sei beispielsweise auf das folgende Fragment (in der Ausgabe von BIHLMEYER [= LINDEMANN–PAULSEN]): frg. 3,1 τοῦτο δὲ σαφέστερον
ἱστορεῖ Παπίας ἐν τῷ δ' [= τετάρτῳ] τῆς ἐξηγήσεως τῶν Κυριακῶν
λόγων[145]. Vgl. frg. 2 τοῦ δὲ Παπία συγγράμματα πέντε τὸν ἀριθμὸν φέρεται,
ἃ καὶ ἐπιγέγραπται Λογίων κυριακῶν ἐξηγήσεως (Eus. h.e. 3,39,1) und
die Variationen in frg. 8 ὡς καὶ Παπίας δηλοῖ βιβλίῳ πρώτῳ τῶν κυριακῶν
ἐξηγήσεων καὶ Κλήμης ὁ Ἀλεξανδρεὺς ἐν τῷ Παιδαγωγῷ und frg. 9
οὗτος γὰρ ὁ Παπίας ἐν τῷ τετάρτῳ αὐτοῦ βιβλίῳ τῶν ⟨λογίων⟩ κυριακῶν
ἐξηγήσεων ... εἶπεν ... .

Der Archetypus ω enthielt also zumindest eine sicher diagnostizierte Glosse (*id
est in extremis*); eine weitere liegt in dem Verb *imitari* am Schluß des Markusprologs
vor (s. Anm. 104). Als dritte ist m. E. das von DE BRUYNE und HARNACK athetierte,
nachklappende *a Iohanne* im vorletzten Satz des hier verhandelten Joh-Prologs hinzuzufügen[146] – eine mißliche Wiederholung von *a Iohanne* aus § 4. Die Athetese ist
jedoch nicht aus „historischen" Gründen erforderlich, wie DE BRUYNE und HAR-
NACK meinten[147], sondern vor allem aus stilistischen. Denn die radikale Lösung der
beiden genannten Gelehrten (denen andere folgen), die Markion-Episode des § 5
überhaupt von Johannes abzukoppeln und als eine bloße Auseinandersetzung zwischen Papias und Markion zu interpretieren, scheitert schon an dem Selbsteinwand

---

145 So Catena in Acta SS. Apost. ed. J. A. CRAMER, Oxford 1838 (Nachdr. 1967), S. 12,22;
vgl. Apollinaris, Fragmenta in Matthaeum (J. REUSS, Matthäus–Kommentare aus der griechischen Kirche, Berlin 1957 (TU 61), frg. 136 col. 2, lin. 8 τοῦτο ... Παπίας ὁ Ἰωάννου
μαθητὴς λέγων οὕτως ἐν τῷ τετάρτῳ τῆς ἐξηγήσεως τῶν κυριακῶν λόγων.

146 Der Zusatz wird durch ein Zitat des Filastrius Brixiensis (haer. 45,7) vor das Jahr 383/384
datiert (s. BACON 1930, 52): *qui* (sc. *Marcion*) *devictus atque f u g a t u s a b e a t o I o -
h a n n e e v a n g e l i s t a et a presbyterio de civitate Ephesi Romae hanc haeresim seminabat*;
siehe hierzu EISLER 1930, 361 und HARNACK 329 [= 810] Anm. 3. Da sich der Zusatz
sowohl in der α- wie in der β-Traditon findet, letztere aber durch die priszillianische Erweiterung im β-Abkömmling μ vor ca. 380 liegen muß, erhalten wir für den Archetypus ω einen
terminus ante quem ca. 370 (s. o. Anm. 142).

147 Vgl. DE BRUYNE 208 („Cela évidemment ne peut pas être historique") und HARNACK (810 [=
329]; 814ff. [= 333f.]. DE BRUYNE UND HARNACK (s. den krit. App.) hatten den offenkundi-
gen Anachronismus in den Vordergrund gerückt. Dagegen hat sich zu Recht REGUL gewandt
(80ff. 99ff. 195f.)

de Bruynes (208): „pourquoi, dans un prologue de Jean, parle-t-on de Marcion,
si Jean n'est pas mêlé à cette affaire?" (wiederholt 209)[148]. Reguls Verteidigung des
überlieferten *a Iohanne* im vorletzten Satz aber läuft auf eine seltsame Doppelaktion
hinaus, in der die Hierarchie zwischen Papias und Johannes auffällig in der Schwebe
bliebe: „Papias hat Marcion wegen seiner falschen Lehre verworfen, der Evangelist
und Apostel Johannes hat das durch die Exkommunikation perfekt gemacht" (102).

   In Wirklichkeit gerät das umstrittene *a Iohanne* vor allem dadurch in Verdacht,
daß es wie nachträglich angehängt wirkt und die Zuordnung der langen Reihe von
Pronomina des Passus 4–5 empfindlich stört. Von den sechs Pronomina (*suae ... qui
... sibi ... **ab eo** ... hic ... **ad eum***) beziehen sich die ersten drei (die beiden Reflexiva
und der relative Satzanschluß *qui*) klar auf Papias, die beiden mit Hilfe der Präpo-
sitionen *ab* und *ad* deklinierten (**ab eo – ad eum**) auf Johannes, die leitende Be-
zugsperson des ganzen Prologs; das betont zurückweisende *h i c* aber auf *Marcion*,
das Subjekt des voraufgehenden Satzes. Dieses *hic* ist inhaltlich klar definiert: es
wird mit Blick auf Markion am Ende nachgetragen, daß er Beglaubigungsschreiben
von den christlichen Brüdern aus dem Pontus überbracht hatte. Wäre diesem *hic*
das in Rede stehende *a Iohanne* unmittelbar vorgeschaltet, würde der Leser geradezu zwangsweise dazu verleitet, das Demonstrativum auf Johannes zu beziehen
– was inhaltlich Nonsens ergäbe. Die Interpolation zielt im groben richtig, aber
sie zerstört den rhetorischen Gestus durch die vorzeitige Entschlüsselung eines der
paarweise eingesetzten Pronomina: sie bringt die mit Berechnung gewählte polyp-
totische Entsprechung des Pronomenpaares *ab eo – ad eum* durch das zwischenge-
schaltete Nomen mit wiederholter Präposition (*a Iohanne*) um ihre Wirkung.

   Dieser im Satzgefüge stilistisch nachhinkende Zusatz *a Iohanne* wurde (mit
Blick auf *a Iohanne* in § 4) interpoliert, weil man dem Leser die etwas mühsame
Entschlüsselung der Pronomina abnehmen wollte, aber wohl auch deswegen, weil
man sich an dem absolut gesetzten *proiectus est* störte. Doch die Auskunft, „er wurde aus der Glaubensgemeinschaft ausgestoßen", bedarf keines weiteren Zusatzes,
zumal durch *cum ab eo fuisset reprobatus* die Initiative des Johannes von vorneherein
geklärt ist. So schreibt Lucifer Caralitanus ca. 355–361: *sic, inquam, sectus est atque
proiectus tuus magister A r r i u s, ut est sectus et **reiectus** Sabellius ...; **excisus** est,
quia dicere non dubitarit ...* (non conv. 9, lin. 32). Nur wenige Jahrzehnte später
(vermutlich vor 383/384)[149] hören wir Filastrius Brixiensis (haer. 65): *post istum
Photinus ... **proiectus** est de ecclesia Sirmiensium civitatis, a sanctis episcopis superatus.*
Hier entspricht der Nachsatz *a sanctis episcopis superatus* dem Vordersatz *cum ab eo
fuisset reprobatus* im Joh-Prolog. Man vergleiche ferner Aug. serm. 135,6 (PL 38,

---

148 Bekräftigt durch Eisler (1930) 361. Harnacks Versuch, diesen Anstoß „einigermaßen" zu
     entschärfen (1928, 334 [= 815]), scheint ihn selbst nicht recht befriedigt zu haben.
149 Siehe Anm. 146.

749, lin. 3) *certe **proiectus est** iste de synagoga*; c. Parm. 2,15,34 (CSEL 51, p. 88,5) *qui tamen nondum ... ab ecclesiae communione **proiectus** sit.* Wir haben gesehen, daß der Verfasser der drei Evangelienprologe beinahe systematisch die Prädikate mit Nachdruck an den Schluß des Satzes stellt und sie dort zum Bestandteil einer markanten Schußklausel macht[150]. Eben dies war in der ursprünglichen Fassung bei der Klausel *sentiret proiectus est* der Fall (C$_m$).

Was ergibt sich aus der präzisen Erfassung des Textes?

a) Die Einheitlichkeit des Gesamtprologs: Der nachdrückliche Auftakt ***Io - hannes apostolus*** ... *scripsit hoc evangelium postulantibus Asiae episcopis* (1) führt gleich zu Beginn den Apostel und Evangelisten als die Figur ein, die den ganzen Prolog beherrschen wird. Formal ins Passiv gewendet, wird dieser Einsatz in § 4 wieder aufgenommen und weitergeführt: *hoc igitur evangelium post apocalypsin scriptum manifestatum et datum est ecclesiis in Asia a **Iohanne** adhuc in corpore constituto.* Gleich im Folgesatz hören wir den Evangelisten zwei weitere Male namentlich genannt (*sicut Papias ..., discipulus **Iohannis** et carus ... retulit, qui hoc evangelium **Iohanne** sibi dictante conscripsit*) und als den alles beherrschenden Bezugspunkt hervorgehoben. Er bleibt selbstverständlich der Akteur auch im folgenden *cum*-Satz (*cum **ab eo** fuisset reprobatus eo quod contraria sentiret*), zumal sich die dort getadelten konträren Lehrauffassungen Markions gegen das v o n i h m (Johannes) v e r f a ß t e (von Papias nach Diktat niedergeschriebene) Evangelium richten. Der letzte Satz rundet diesen Bericht ab, indem rückblickend mitgeteilt wird, wieso Markion überhaupt in den Kreis des Johannes hatte gelangen können: Er hatte ihm Beglaubigungsschreiben der Christenbrüder aus dem Pontus ausgehändigt: *scripta vel epistulas **ad eum** pertulerat a fratribus missas, qui in Ponto erant fideles*[151].

b) Die Einschränkung des Papias-Zeugnisses: Papias selbst ist gemäß dem Prologtext lediglich Gewährsmann für die legendenhafte Konstruktion, der Apostel und Evangelist Johannes habe selbst zu seinen Lebzeiten noch sein Evangelium bekannt gemacht und den Gemeinden Kleinasiens übergeben. Eine solche Äußerung darf man dem von Euseb als kritiklos getadelten Papias[152] durchaus zutrauen. Hinter ihr steckt ja nicht mehr als ein phantasievolles Weiterspinnen der Schlußperikopen des Joh Evangeliums (Joh 21,20–24), gemäß deren Jesus zu Petrus gesprochen hatte: „Wenn ich will, daß er bleibe, bis ich komme, was geht es dich an?" Daraufhin habe sich unter den Brüdern das Gerücht verbreitet, daß jener Jünger nicht sterbe. Eben jener Jünger sei aber der Verfasser des Evangelienberichtes gewesen. Kein

---

150 Siehe S. 21.

151 Eisler (1930) 361 verweist u.a. auf 2Kor 3,1 ἢ μὴ χρῄζομεν ὥς τινες συστατικῶν ἐπιστολῶν πρὸς ὑμᾶς ἢ ἐξ ὑμῶν;

152 Siehe Zwierlein (2009/2010) 142[38] (Eus. h.e. 3,39,11–13).

Wunder, daß auch Irenäus solche Erzählungen streut: der Apostel und Evangelist Johannes habe, so gehe die Kunde, noch bis in die Zeit Domitians, ja bis in die Zeit Trajans weitergelebt. Euseb greift diese Erzählungen auf[153]. Wenn man noch die bei ihm (h.e. 3,19–20) zwischengeschalteten Fabeleien des Buntschriftstellers Hegesipp über die Verwandtschaft des Herrenbruders Judas hinzunimmt, gewinnt man einen festen Eindruck von dem legendenhaften Charakter all dieser Erzählungen, die uns in Auswahl auch Papias präsentiert.

Für alle weiteren Angaben des Joh-Prologs kann Papias nicht als Zeuge haftbar gemacht werden; dort spricht vielmehr stets der Verfasser des Prologs in eigener Autorität, ohne uns einen Hinweis auf seine Quellen zu geben. Das gilt ebenso für die Behauptung, Papias sei Schüler und Vertrauter des Johannes gewesen und habe das Evangelium nach Diktat des Johannes niedergeschrieben, wie für den Bericht, Markion sei von Johannes (zu dem er sich durch Empfehlungsschreiben von Glaubensbrüdern aus dem Pontus Zugang verschafft hatte) wegen seiner widerstreitenden Ansichten getadelt worden, was den Ausschluß aus der Christengemeinde nach sich gezogen habe[154].

2. Die Quellen des Joh-Prologs: antihäretische Legenden und Reminiszenzen

All die genannten „Nachrichten" sind in sich wenig glaubwürdig; die meisten von ihnen stehen isoliert, lassen sich vor dem Joh-Prolog nicht nachweisen. Es scheint sich um spätere Erfindungen zu handeln. Das hat REGUL (80ff. 99ff. 195f.) überzeugend herausgearbeitet. Da wir inzwischen wissen, daß die drei Prologe (über den zwischengeschalteten Autoren-Katalog Ω) aus den *Pinakes* des Eusebius (und aus seiner *Kirchengeschichte*) schöpfen, liegt es nahe, auch die Auskunft des Joh-Prologs (4), Papias sei Schüler und Vertrauter des Apostels Johannes gewesen, auf die entsprechenden bei Euseb greifbaren Äußerungen des Irenäus zurückzuführen, vgl. Papias frg. 1 (= Eus. h.e. 3,39,1): Papias, Hörer des Johannes, Gefährte Polykarps,

---

153 Eus. h.e. 3,18,1 Ἐν τούτῳ κατέχει λόγος τὸν ἀπόστολον ἅμα καὶ εὐαγγελιστὴν Ἰωάννην ἔτι τῷ βίῳ ἐνδιατρίβοντα τῆς εἰς τὸν θεῖον λόγον ἕνεκεν μαρτυρίας Πάτμον οἰκεῖν καταδικασθῆναι τὴν νῆσον („Zu dieser Zeit, so geht die Kunde, soll der Apostel und zugleich Evangelist Johannes noch am Leben gewesen, aber wegen seines Zeugnisses für das göttliche Wort auf die Insel Patmos verbannt worden sein"); 3,23,1 Ἐπὶ τούτοις κατὰ τὴν Ἀσίαν ἔτι τῷ βίῳ περιλειπόμενος αὐτὸς ἐκεῖνος ὃν ἠγάπα ὁ Ἰησοῦς, ἀπόστολος ὁμοῦ καὶ εὐαγγελιστὴς Ἰωάννης τὰς αὐτόθι διεῖπεν ἐκκλησίας („Zu dieser Zeit lebte noch in Kleinasien eben jener Jünger, den Jesus liebte, der Apostel und Evangelist Johannes, und lehrte die dortigen Kirchengemeinden").

154 „Of this the sole existing evidence is Paragraph B of the Latin Prologue": BACON (1930), 47.

wozu Eusebs Chronikeintrag (II 162f.) über Papias und Polykarp (und Ignatius) als Hörer des Johannes paßt[155], wenngleich Euseb selbst in 3,39,2 dem Irenäus widerspricht (= Papias frg. 2)[156].

Die sonst nicht bekannten Episoden des Prologs, die zwischen Johannes und Papias einerseits und Johannes und Markion andererseits spielen (Joh-Prol. 4–5), hat schon LIGHTFOOT (1893) aus verwandten Erzählungen des Irenäus abgeleitet (212f.): «This passage seems to be made up of notices gathered from different sources. The account of Marcion, with which it closes, involves an anachronism (to say nothing else), and seems to have arisen from a confusion of the interview between St. John and Cerinthus [Eus. h.e. 3,28,1; 4,14,6] and that between Polycarp and Marcion [Eus. h.e. 4,14,7], which are related by Irenaeus in the same context»[157]. Ich habe jeweils die entsprechenden Stellenziffern aus Euseb hinzugesetzt, um zu verdeutlichen, daß auch hier beim lateinischen Prolog-Verfasser (der allermeist aus Ω schöpft) nicht Erstzitate aus Irenäus vorliegen, sondern – wie in diesen drei Evangelien-Prologen üblich – Euseb ausgeschrieben wird, sei es seine *Kirchengeschichte*, seien es die *Pinakes*.

Wenn man nun bedenkt, daß bereits zu Beginn des Prologs fingiert ist, Johannes habe sein Evangelium auf Drängen der Bischöfe Kleinasiens zur Abwehr Kerinths und anderer Häretiker, zumal der Ebioniten geschrieben, wird man nicht mit Lightfoot von einer Verwechslung sprechen, sondern von einer spielerisch aus den genannten Parallelen herausgesponnenen Erfindung. Diese gipfelt darin, daß der historischen Rom-Episode Markions (mit Aufnahmegesuch in die römische Kirchengemeinde um 140 und ‚Exkommunikation' um 144)[158] nunmehr eine fiktive

---

155 Vgl. ZWIERLEIN (2014) II 360 mit Anm. 118.

156 Siehe Eus. h.e. 3,39,2 καὶ ὁ μὲν Εἰρηναῖος ταῦτα (*haer.* 5,33,3–4;)· αὐτός γε μὴν ὁ Παπίας κατὰ τὸ προοίμιον τῶν αὐτοῦ λόγων ἀκροατὴν μὲν καὶ αὐτόπτην οὐδαμῶς ἑαυτὸν γενέσθαι τῶν ἱερῶν ἀποστόλων ἐμφαίνει, παρειληφέναι δὲ τὰ τῆς πίστεως παρὰ τῶν ἐκείνοις γνωρίμων διδάσκει δι' ὧν φησιν λέξεων, etc. („Dies also berichtet Irenäus. Papias selbst allerdings gibt in der Einleitung zu seiner Schrift zu erkennen, daß er keineswegs Hörer und Augenzeuge der heiligen Apostel gewesen sei; er habe vielmehr die Glaubensinhalte von Leuten empfangen, die mit den Aposteln bekannt gewesen seien. Dies tut er durch die folgenden Worte kund, indem er sagt ..." [es folgt das Zitat]). Vgl. ferner Papias frg. 3 (die zeitliche Zuordnung fragwürdig) Παπίας ὁ Ἰωάννου μαθητής; frg. 6. 7. 11 (alle spät, byzantinisch).

157 Ähnlich REGUL 188–190. Vgl. CORSSEN (1896) 110.

158 Der Begriff ‚Exkommunikation' ist hier (im Anschluß an REGUL [so zuvor schon HARNACK (1928) 334 = 815]) anachronistisch verwendet. Aus dem passiven Verbalbegriff **proiectus est** im Joh-Prolog (5), der vermutlich Tertullians **proiectam** (sc. *pecuniam*) *mox cum ipso* voraussetzt (siehe adv. Marc. 4,4,3 im Exkurs), wird man schließen dürfen, daß schon Tertullian eine solche Rückprojektion vorgenommen und die Initiative, die zur Trennung führte, der römischen Gemeinde (und ihren Vorstehern) zugeschrieben hat. Einen Versuch, die Trennung Markions von der römischen Gemeinde als fortlaufenden Prozeß der Entfremdung,

Asien-Episode vorgelagert wird. Diese beginnt mit Markions Aushändigung nicht näher bestimmter Beglaubigungsschreiben von Seiten christlicher Brüder aus dem Pontus (seiner Heimat) an den Apostel Johannes und endet mit der Zurückweisung der gegen das Joh-Evangelium gerichteten konträren Lehrauffassungen Markions durch eben diesen Johannes, was die ‚Exkommunikation‘ zur Folge hat[159].

Die in Joh-Prol. 5 genannten *scripta vel* **epistulas** (*a fratribus missas, qui in Ponto erant fideles*) hat BACON (1913) 209 mit dem Brief Markions in Verbindung gebracht, von dem bei Tertullian gesprochen wird (siehe den anschließenden Exkurs)[160]. Gemäß dieser Nachricht (sie enthält das Stichwort *adversus* **epistolam** *quoque* **ipsius**) hat der historische Markion in Rom seine Zugehörigkeit zur christlichen Gemeinde in einem Brief beglaubigt[161], wurde aber wenig später wegen seiner Häresien samt dem Geld, das er gespendet hatte, aus der Gemeinde ausgestoßen (s. Anm. 158). Auch wenn über den Charakter dieses Briefes keine sichere Kenntnis vorliegt, scheint die Annahme nicht abwegig, daß bei der Konstruktion der dem Römischen Ereignis vorgelagerten Episode in Kleinasien Markions Brief über seine Eingliederung in die christliche Gemeinde Roms und seine nur wenig später erfolgte Verstoßung die Anregung sowohl für die Beglaubigungsbriefe aus Pontus als auch für die Verstoßung (wegen seiner zu Johannes konträren Lehrmeinungen) gegeben hat.

All dies jedoch ist freies Spiel der Phantasie, die aus späterer Zeit (kaum vor Irenäus) im Rückblick die Legende von einer Begegnung Markions mit dem Apostel und Evangelisten Johannes anschaulich auszuspinnen sucht. Neben diesen legendenhaften Wucherungen bewahren die drei in dieser Studie untersuchten Evangelienprologe aber auch eine Reihe antihäretischer Äußerungen, die sich am

---

      vielleicht gar als Ausfluß einer Spaltung der römischen Gemeinde zu beschreiben, bietet
      KLINGHARDT 381ff. 388ff.

159 Die im wesentlichen „durch Epiphanius bezeugten Differenzen zwischen Markion und der
      Kirche in Pontus (und in Kleinasien?)" weisen nach KLINGHARDT (390[77]) „alle Elemente der
      Ketzerpolemik" auf und seien als Versuch zu verstehen, die Abgrenzung von Markion als ein
      ökumeneweites Phänomen darzustellen; vgl. KLINGHARDT 381ff. mit Anm. 60.

160 Später hat BACON seine Position gegen DE BRUYNES Kritik (und gegen HARNACK) verteidigt
      (1930, 47–54). Zwar argumentiert er nicht in allem glücklich, aber festgehalten zu werden
      verdient seine Skepsis gegenüber der üblichen Frühdatierung: Es sei plausibel, die griechische
      Fassung des Joh-Prologs (die auch er [fälschlich] als gegeben annimmt) in die Zeit Hippolyts
      (jedenfalls n a c h Irenäus) zu setzen, die lateinische Version aber sieht er – in Abhängigkeit
      von Tertullian – in der Zeitspanne 250–300 verfaßt. Es ist oben gezeigt, daß die drei Evan-
      gelienprologe nicht griechischen Ursprungs sind, sondern von Anfang an lateinisch abgefaßt
      waren, kaum vor dem Zeitraum 340–350.

161 Vgl. auch adv. Marc. 1,1,6 *ipsius litteris testibus*; siehe dort BRAUNs Kommentar (I 105[3]) mit
      Verweis auf J.-P. MAHÉ, Tertullien et l'*epistula Marcionis*, RSR 45, 1971, 358–371; ferner
      BRAUN V 30[4] und KLINGHARDT 382[54]. 389.

besten als der programmatische Niederschlag einer gegen Markion und verwandte „Ketzer" gerichteten neutestamentlichen Schriftensammlung verstehen lassen. Dabei kann es sich teils um Reminiszenzen an einen zeitgenössischen Gegenentwurf zur ‚Bibel' Markions um die Mitte des 2. Jh.s handeln, teils auch um spätere antihäretische Züge. Sie alle könnten auf den oben beschriebenen Überlieferungspfaden Eingang gefunden haben in die Neuedition eines Drei-Evangelienbuches (Lk, Mk, Joh) durch den hier wieder erschlossenen Anonymus aus der Zeit kurz vor Mitte des 4. Jahrhunderts. Diese Neuedition sollte nun nicht mehr primär den historischen Markion aufs Korn nehmen, sondern häretische Strömungen des 4. Jh.s, darunter auch die Markioniten, die noch Epiphanius in seinem *Panarion omnium haeresium* (374–377 n. Chr.) als eine bedrohlich verbreitete Sekte eingestuft hat[162].

Exkurs

Ein Schlüsseltext Tertullians zum „ältesten Evangelium" der neueren Markion-Forschung

Der oben berührte Tertullian-Passus, in dem über Markions Beglaubigungsbrief an die Römische Christengemeinde und seine spätere Verstoßung gehandelt wird, ist zugleich ein Schlüsseltext in der gegenwärtig lebhaft geführten Debatte über Markion als Nutzer oder gar als Schöpfer des „ältesten" (vorkanonischen) Evangeliums[163]. Die Stelle fordert dem Sprachvermögen des Lesers einiges ab. Kein Wunder, daß sie auch in der jüngeren Diskussion mehrfach mißverstanden wurde. Dies ist der Grund, daß sie hier etwas ausführlicher behandelt wird.

> Tert. adv. Marc. 4,4,3 *Quod ergo pertinet ad e v a n g e l i u m interim L u - c a e, quatenus communio eius inter nos et Marcionem de veritate disceptat, adeo antiquius Marcione est quod est secundum nos, ut et ipse illi Marcion aliquando crediderit, cum et pecuniam in primo calore fidei catholicae ecclesiae contulit, proiectam mox cum ipso, posteaquam in haeresim suam a nostra veritate desii-*

---

162 Epiph. Panar. (= adv. haer.) Bd. 2 (GCS 31), p. 94,1 ἡ δὲ αἵρεσις (sc. τῶν Μαρκιωνιστῶν) ἔτι καὶ νῦν ἔν τε Ῥώμῃ καὶ ἐν τῇ Ἰταλίᾳ, ἐν Αἰγύπτῳ τε καὶ ἐν Παλαιστίνῃ, ἐν Ἀραβίᾳ τε καὶ ἐν τῇ Συρίᾳ, ἐν Κύπρῳ τε καὶ Θηβαΐδι, οὐ μὴν ἀλλὰ καὶ ἐν τῇ Περσίδι καὶ ἐν ἄλλοις τόποις εὑρίσκεται. μεγάλως γὰρ ὁ πονηρὸς ἐν αὐτῷ (τῷ Μαρκίωνι) κατίσχυσε τὴν ἀπάτην.
„Diese Häresie (der Markioniten) ist auch heute noch anzutreffen in Rom und in Italien, in Ägypten und Palästina, in Arabien und Syrien, in Cypern und in der Thebais, ja sogar auch in Persien und anderen Regionen. Denn gewaltig hat der Teufel in ihm (Markion) die Täuschung gestärkt."

163 Siehe zuletzt KLINGHARDT 35ff. und 136ff.

it. quid nunc, si negaverint Marcionitae primam apud nos fidem eius adversus epistolam quoque ipsius? quid, si nec epistolam agnoverint? 4. Certe antitheses non modo fatentur Marcionis, sed et praeferunt. ex his mihi probatio sufficit. si enim id e v a n g e l i u m, quod L u c a e refertur penes nos (viderimus an et penes Marcionem) ipsum est, quod Marcion per antitheses suas arguit ut interpolatum a protectoribus Iudaismi ad concorporationem legis et prophetarum, quo etiam Christum inde confingerent, utique non potuisset arguere nisi quod invenerat. 5. Nemo post futura reprehendit, quae ignorat futura. emendatio culpam non antecedit. ... itaque dum emendat, utrumque confirmat: et nostrum anterius, id emendans quod invenit, et id posterius, quod de nostri emendatione constituens suum et novum fecit.

Es geht im größeren Zusammenhang von adv. Marc. 4,4 um den Nachweis, daß über Echtheit oder Unechtheit eines Evangeliums das Zeitverhältnis richtet[164]: echt ist das ältere, gefälscht kann per definitionem immer nur das jüngere sein: denn Fälschung ist eine Verderbnis des Echten, also muß das Echte dem Gefälschten notwendig vorausgehen. Wenn man dieses Prinzip, so fährt Tertullian fort, auf das L u k a s -Evangelium anwendet, so ist festzuhalten:

4,4,3 „Insoweit der gemeinsame Besitz dieses ,Lukas'-Evangeliums[165] zwischen uns und Markion Streit über die Authentizität (der beiden Fassungen) begründet, so gilt: das Lukasevangelium in unserer Fassung[166] ist so viel älter als das

---

164 Wenn Tertullian diesen Abschnitt mit dem von ihm öfter verwendeten sprichwörtlichen *funis contentionis* (bzw. *contentiosus*) einleitet (4,4,1), dem Spiel des Seilziehens als Metapher für das Hin und Her der Behauptungen und Argumente in einem Streit-Disput zweier Kontrahenten (s. A. Otto, Die Sprichwörter und sprichwörtlichen Redensarten der Römer s. v. *funis*), so handelt es sich nicht um ein „unentschiedenes Tauziehen" (Klinghardt 35) und nicht um einen Antagonismus zwischen Echtheitsanspruch gegen Echtheitsanspruch, den Tertullian „nicht ohne weiteres beseitigen konnte" (36), sondern um die spielerische Skizze der Ausgangsposition des Streit-Agons (*ego meum* [sc. *evangelium*] *dico verum, Marcion suum, ego Marcionis affirmo adulteratum, Marcion meum*), der unmittelbar anschließend durch Tertullian nach Maßgabe der zeitlichen Priorität klar zugunsten des ,katholischen' Lukasevangeliums entschieden wird.

165 Wenngleich Markion seine gekürzte und redigierte Fassung ohne den Namen „Lukas" in Umlauf gebracht hat (4,2,3; s. Vinzent *Auferstehung* 126[98] und *Marcion* 277f.; Klinghardt 31. 226f.).

166 Zu dieser Bedeutung des Ausdrucks (*evangelium Lucae*) *quod est secundum nos* vgl. 4,5,6 *si enim a p o s t o l i c a* (sc. *evangelia*) *integra decucurrerunt,* **Lucae** *autem,* **quod est secundum nos**, *adeo congruit regulae eorum, ut cum illis apud ecclesias maneat, iam et Lucae constat integrum decucurrisse usque ad sacrilegium Marcionis* („wenn nämlich die Evangelien der Apostel in unversehrter Tradition auf uns gekommen sind, das Lukasevangelium i n u n s e r e r F a s s u n g aber so sehr mit deren Glaubensregel übereinstimmt, daß es zusammen mit ihnen bei den Kirchen [~ im Gebrauch der Kirchen] seinen Platz behauptet hat, dann steht fest, daß auch das Lukasevangelium in unversehrter Tradition auf uns gekommen ist bis

(redigierte) ‚Lukas'-Evangelium des Markion[167], daß sogar Markion selbst ihm (sc. ‚unserem' Lukasevangelium) einst Glauben geschenkt hat, als er in der Anfangsglut seines Glaubens sogar Geld für die katholische Kirche beisteuerte, das freilich bald zusammen mit seiner Person verworfen wurde, nachdem er, von unserer Wahrheit abgefallen, sich in seine Häresie verstrickt hatte. Was aber, wenn die Markioniten seinen ursprünglichen Glauben in unserer Gemeinschaft leugnen wollten – sogar im Widerspruch zu seiner eigenen brieflichen Beglaubigung? Was, wenn sie auch den Brief nicht anerkennen? 4. Die *Antithesen* jedenfalls erkennen sie nicht nur als Werk des Markion an, sondern sie stellen sie sogar vor allem anderen zur Schau. Das gibt mir zureichend Anhalt für meine Beweisführung. Denn wenn das Evangelium, das auf unserer Seite dem L u k a s zugesprochen wird – ob auch auf Seiten Markions, soll uns nicht kümmern[168] – eben dieses ist, das Markion mittels seiner *Antithesen* bezichtigt, es sei von den Verteidigern des Judaismus interpoliert worden, um ihm Gesetz und Propheten einzuverleiben, damit sie daraus ableiten könnten, auch Christus (d.h. die in diesem Evangelium greifbare Lehre Christi) sei aus diesen Elementen zusammengesetzt[169], so hätte er doch jedenfalls nur das (als Fälschung) bezichtigen können, was er bereits vorgefunden hat. 5. Denn niemand tadelt was erst nachträglich geschehen wird, von dem er gar nicht weiß, ob es geschehen wird. Die Verbesserung geht dem Fehler nicht voraus. ... Indem er also verbessert, bestätigt er beides: sowohl daß u n s e r   L u k a s - e v a n g e l i u m   d a s   ä l t e r e ist, indem er ja nur verbessern kann, was er

___

zum Sakrileg des Markion" [d.h.: so lange in seiner ursprünglichen Form, bis Markion seine gotteslästerliche (oder frevlerische) Hand an es gelegt hat]).

167 In dem Satz *adeo antiquius* **Marcione** *est* **quod est secundum nos** liegt eine sog. ‚comparatio compendiaria' vor, also ein abgekürzter Vergleich (s. KÜHNER–STEGMANN, Lateinische Grammatik II 566,10; HOFMANN–SZANTYR, Lateinische Syntax und Stilistik 826). Da die gemeinsame Prämisse (in vereinfachter Form) lautet: *quatenus c o m m u n i o   e v a n g e l i i   L u c a e* inter nos et Marcionem de veritate disceptat, steht der von *antiquius* abhängige Vergleichsablativ **Marcione** für *e o   e v a n g e l i o   L u c a e, quod est* **secundum Marcionem** (oder *quo* **Marcion** utitur, s. 4,3,5), wovon dann (*id evangelium Lucae*) quod est **secundum nos** abgesetzt wird. Dies bestätigt sich wenig später durch die Formel *id   e v a n g e l i u m, quod   L u c a e   refertur* **penes nos** (*viderimus an et* **penes Marcionem**), s. dort.

168 Zu dieser Bedeutung von *viderimus* bei Tertullian s. BRAUN IV 78⁴. Der Parenthese liegt das in Anm. 165 benannte Faktum zugrunde, daß Markion seine redigierte Fassung des ‚Lukas' anonym belassen hatte.

169 Wörtlich: „damit sie auch Christus aus diesen Elementen [so ist das Adverb *inde* hier zu verstehen] zusammensetzen könnten"; gemeint ist: damit die Verfechter des Judaismus behaupten könnten, auch der Christus, der mit seiner Lehre in diesem (ursprünglichen, nach Markions Unterstellung aber von den Judaisierern interpolierten) Lukas-Evangelium in Erscheinug tritt, sei bereits aus den Elementen Gesetz und Propheten zusammengesetzt gewesen, d.h. habe bereits diese Elemente in sich mitverkörpert. Dem *ad con-corporationem legis et prophetarum* entspricht das folgende *inde con-fingerent* (vgl. die weiteren Erläuterungen zu § 4 im Anschluß an die Übersetzung).

bereits vorfindet, als auch daß jenes Evangelium das spätere ist, das er, aus der
Verbesserung des unseren schaffend, zu seinem eigenen und neuen Evangelium gemacht hat" [170].

Es kann nicht zweifelhaft sein, daß der Satz *evangelium ... L u c a e ... interpolatum
a protectoribus Iudaismi ad con-corporationem legis et prophetarum* (4,4,4) im Sinne
von *... interpolatum ..., ut **e i** legem et prophetas con-corporarent* zu verstehen ist
(„von den Verteidigern des Judaismus interpoliert, um ihm [dem L u k a s evan-
gelium] Gesetz und Propheten einzugliedern"), analog der häufigen Konstruktion
con-corporare aliquem/aliquid mit Dat. sociativus (s. ThLL 4,89,66ff.); s. etwa Aug.
in psalm. 26,2 [Christus] *tamquam agnus immaculatus fuso sanguine suo redimens
nos, __concorporans__ nos **s i b i**, faciens nos membra sua, ut in illo <nos>* [add. Zw.]
et nos Christus essemus). Nach dem Bericht Tertullians hat also Markion in seinen
Antithesen behauptet, das (zu seiner Zeit gebräuchliche, ihm vorgegebene) L u -
k a s evangelium[171] sei (in früheren Zeiten) von Verfechtern des Judaismus interpoliert worden mit dem Ziel (*ad*) der Eingliederung von Gesetz und Propheten (*con-
corporationem legis et prophetarum*) in eben dieses Lukasevangelium. Wenn er also
– so könnte Markions Argumentationslinie weitergeführt werden[172] – nachträglich
dieses überkommene Lukasevangelium von judaisierenden Verfälschungen reinige,
stelle er in Wirklichkeit nur die ursprüngliche Lehrtradition wieder her[173].

Anderes liest man bei KLINGHARDT: Markion habe „in seinen ‚Antithesen' ar-
gumentiert, das Evangelium sei von den Verteidigern des Judentums mit dem

---

170 Siehe BRAUN V 26: „Marcion avait fait choix, pour son entreprise de déjudaïsation, de l'évan-
     gile de Luc, ce dernier reflétant l'enseignement de Paul qu'il opposait aux autres apôtres (cf.
     2,4–5). Après l'avoir abondamment corrigé par des suppressions et des altérations de textes
     de façon à le mettre en accord avec son système (cf. 2,4; 6,2), il l'avait laissé sans titre, sans
     nom d'auteur (cf. 2,3)."

171 Es muß sich also nicht zwingend um das Lukasevangelium des Kanons handeln, wenn dieser
     im Sinne HARNACKS erst eine Reaktion auf Markions Bibelausgabe war (s. KLINGHARDT
     134ff. – mit Verweis u.a. auf G. VOLCKMAR, der 1852 als erster diese Theorie entwickelt hat
     –, ferner VINZENT *Auferstehung* 122f.), sondern Markion könnte sich auch auf einen vorka-
     nonischen „Lukas"-Text beziehen.

172 Siehe u. S. 83 den letzten Absatz dieses Exkurses.

173 Richtlinie seines Eingreifens ist die Paulinische Evangeliumsverkündigung, die Markion als
     die einzig gültige beurteilte (s. VINZENT *Auferstehung* 124); vgl. Röm 16,25 *i u x t a   e v a n -
     g e l i u m   m e u m et praedicationem Iesu Christi s e c u n d u m   r e v e l a t i o n e m   m y s t e -
     r i i temporibus aeternis taciti*; ferner Gal 2,2 und Eph 3,3. Die Paulusaffinität des „Lukas"
     ist auch der Grund dafür, daß Markion in seiner ‚Bibel' allein den „(Vor-)Lukas" zu den
     Paulusbriefen hinzufügte (so, als Frage formuliert, VINZENT *Auferstehung* 124 mit Verweis
     auf Phlm 24 und Kol 4,14). Tertullian selbst bezeichnet Lukas als *sectator Pauli* (4,2,4) und
     Paulus als *illuminator Lucae* (4,2,5).

Gesetz und den Propheten zu einer Einheit verbunden worden, durch welche sie Christus auch von dorther erdichten." Diese Behauptung Markions lasse erkennen, „dass er den katholischen Christen [nein: den *p r o t e c t o r e s I u d a i s m i* !] nicht einfach eine redaktionelle Bearbeitung s e i n e s Evangeliums vorwarf, sondern darüber hinaus d e s s e n Integration in eine Bibelausgabe, die neben dem Evangelium auch Gesetz und Propheten (also wohl: das Alte Testament) enthielt"; er habe seine Gegner also einer Verfälschung geziehen, die „nicht – oder doch nicht nur – auf judaisierende Veränderungen am Textbestand »seines« Evangeliums" zielte, „sondern (zumindest: auch) auf den Interpretationsrahmen, den dieses Evangelium durch die Aufnahme in den katholischen Kanon gefunden hatte" (35f.). Dies ist alles Ausfluß einer bedauerlichen Fehldeutung des oben erläuterten Tertulliantextes. Sie wird in den näheren Ausführungen S. 136–140 ausdrücklich gegen schon früher vorgetragene Einwände verteidigt: Deshalb sei der Leser um Geduld für wenigstens drei Richtigstellungen gebeten:

1. Die von mir in den obigen Zitatauszügen gesperrten Pronomina „seines" und „dessen" und das vom Verfasser selbst entsprechend markierte Textsegment „judaisierende Veränderungen am Textbestand »seines« Evangeliums" (vgl. Vinzent 127f.) sind, wenn das Markion-Zeugnis Tertullians gelten soll, fehlerhaft[174]. Tertullian spricht von Beginn an vom L u k a s evangelium, wie es zu Markions Frühzeit im Gebrauch ‚der Kirche' war. Dieses habe Markion nachträglich mit der Begründung redigiert, er reinige auf diese Weise die tradierte Fassung des L u k a s evangeliums von früheren judaisierenden Verfälschungen. Erst durch seine spätere „verbessernde" Redaktion habe Markion – so führt Tertullian weiter aus – das überlieferte L u k a s evangelium ‚der Kirche' zu seinem eigenen, neuen Evangelium gemacht (*de nostri emendatione constituens s u u m et n o v u m fecit*).[175]

Angesichts dieses völlig eindeutigen Textes müssen die folgenden Thesen Verwunderung hervorrufen: „Das profilierte Bild einer *Interpolations*kritik, mit der Marcion das *ursprüngliche* Evangelium von den verfälschenden Zusätzen der Judaisten reinigen und auf diese Weise *wiederherstellen* wollte, findet sich bei den Häresiologen allerdings nicht. Dass Marcion für seine angenommene Redaktion ein nachvollziehbares Motiv besaß und der Überzeugung war, dass er das »wahre« Evangelium durch die Beseitigung von judaistischen Interpolationen *überhaupt erst herstellen* müsse, ist jedoch nicht Teil der antiken Argumentation, sondern erst der modernen. Das Bild Marcions als Restaurator

---

174 Im Jargon der Elementargrammatik handelt es sich um „Beziehungsfehler".

175 Durch das Schlußkolon greift Tertullian zurück auf den Eingangssatz des 4. Buches, in dem er angekündigt hatte (4,1,1), Markion aus seinem eigenen Evangelium zu widerlegen, *quod interpolando suum fecit* („das er durch Manipulation <des zugrunde liegenden Lukas-Evangeliums> zu seinem eigenen gemacht hat"); vgl. V. Lukas 216: „durch Fälschungsarbeit (*interpolando*)".

und Interpolationskritiker geht erst auf Harnack und seine Nachfolger zurück. Sieht man genau hin, dann beruht diese Vorstellung fast ausschließlich auf einem einzigen Hinweis Tertullians auf die »Antithesen«:" es folgt das Zitat adv. Marc. 4,4,4 mit einer irrigen Interpretation, die in dem Resümee gipfelt: „Die von Tertullian mitgeteilte Kritik der Marcioniten am kanonischen Evangelium zielte auf die kanonische Bibelausgabe aus Altem und Neuem Testament. Sie setzt daher voraus, dass die Textdifferenzen zwischen Mcn und Lk erweiternde Interpolationen darstellen, die im Zuge der Komposition der zweiteiligen Bibel an dem älteren Evangelium vorgenommen wurden, das Marcion und seine Anhänger benutzten. Diese Deutung von Tert. 4,4,4 setzt also die *Mcn-Priorität vor Lk* voraus"[176].

2. Das letztgenannte irrige Resümee wurzelt in der falschen Annahme, *interpolatum a protectoribus Iudaismi ad concorporationem legis et prophetarum* (4,4,4) bedeute „die Integration des (kanonischen) Lk-Evangeliums in ein *corpus*, das auch Gesetz und Propheten enthielt", womit „die kanonisch gewordene Bibel des Alten und Neuen Testaments" gemeint sei (138). Das läßt sich mit der Konstruktion des lateinischen Textes (*evangelium ... Lucae ... i n t e r p o l a - t u m ... ad ...*) nicht vereinbaren (s.o.) und auch nicht durch die S. 139 beanspruchte Verbreiterung der „lexikalischen Basis" stützen (die man bequem auf 118 Belege des Stammes *concorpo** erweitern könnte, ohne daß sich eine Parallele für die postulierte Übersetzung anböte).

3. Es wird mehrfach der Eindruck erweckt, als stünde dem von Lukas verfaßten (und entsprechend titulierten) Evangelium ein titelloses „Markionevangelium" gegenüber, das anderen und früheren Ursprungs sei als das im Gebrauch der zeitgenössischen ‚Kirche' befindliche Lukasevangelium. In Wirklichkeit wird nur gesagt, daß Markion das Ergebnis seiner Redaktion des herkömmlichen L u k a s evangeliums (also nunmehr s e i n   n e u e s Evangelium) ohne Titel beließ[177]. Ob es Markion weiterhin als (gereinigtes) „Lukas"-Evangelium verstand (dem er nicht wagte den eigenen Namen voranzusetzen, s. Tert. 4,2,3) oder ob er auch den „Lukas"-Titel des herkömmlichen Lukasevangeliums zu den eingefälschten Interpolationen der frühkirchlichen Tradition rechnete (vgl. 4,3,5 *adulterato* [sc. *nostro evangelio, quod ‚Lucae' refertur*] *etiam circa titulum*), läßt Tertullian offen („das muß uns in unserem Zusammenhang nicht kümmern", s. Anm. 168). Entscheidend ist, daß sich Markion aufgrund des Galaterbriefs (s. Tert. 4,3,2) autorisiert glaubte, das in der Tradition des Paulus (und somit in der unmittelbaren Damaskus-Offenbarung) stehende L u k a s - evangelium von den nicht-paulinischen Verfälschungen zu reinigen. Denn Paulus wirft den Aposteln, auf deren Zeugnis die übrigen Evangelien zurückgehen, und weiteren Pseudoaposteln und Pseudopropheten falsche Lehren vor. Solche seien (so Markions Behauptung) von Verfechtern des Judaismus auch

---

176 KLINGHARDT 137 und 139.
177 Siehe o. Anm. 168 und 170.

in die Frühfassung des Lukasevangeliums interpoliert worden. Dies ist ihm Impuls für seine unter der Leitidee des ‚Paulinismus' stehende Redaktion (oftmals handelt es sich dabei um Kürzungen oder Tilgungen) des „Lukas"-Evangeliums. Der gereinigte „Lukas" ist schließlich sein eigenes, neues Evangelium, auch wenn er es ohne Verfassernamen beläßt.

Es wird also bei Tertullian nicht von judaisierenden Interpolatoren gesprochen, die das Evangelium M a r k i o n s (nachträglich) gefälscht hätten[178], sondern von Eingriffen in das damals gültige L u k a s e v a n g e l i u m ‚der Kirche'. Die Zeit der hier in einer ironischen Fiktion vorausgesetzten Verfälschung wird in 4,4,5 ausdrücklich konkretisiert: Sie müßte bereits unter Tiberius geschehen sein (also kann es sich niemals um eine Verfälschung des M a r k i o n -Evangeliums handeln!). Denn Markion wird sarkastisch als Verbesserer des Evangeliums tituliert, das während der ganzen Zeitspanne von Tiberius bis Antoninus Pius in pervertierter Form vorgelegen habe (*emendator sane e v a n g e l i i a Tiberianis usque ad Antoniniana tempora e v e r s i*) – bis endlich in Markion der erste und einzige *emendator* aufgetreten sei, über die ganze Zeit hin sehnsüchtig erwartet von Christus, den es – spät – gereut habe, daß er allzu voreilig Apostel (die das Evangelium im Vergleich zu dem von Markion verabsolutierten ‚Paulinischen Evangelium' verfälschend verkündeten) vorausgeschickt hatte, ohne daß Markion seine schützende Hand über sie hätte halten können: „Tertullian zieht hier alle Register des *sarkasmos*", wie V. Lukas (224) treffend kommentiert (dessen Ausführungen S. 215–227 zu adv. Marc. IV auch sonst hilfreich sind)[179].

Ein eng verwandter Sarkasmus findet sich in adv. Marc. 1,20,1 als Reaktion auf die Behauptung der Markioniten, *Marcionem non tam innovasse regulam separatione legis et evangelii quam retro adulteratam recurasse* („Markion habe durch die Trennung von Gesetz und Evangelium die Glaubensregel nicht eigentlich geneuert, als vielmehr die in der Vergangenheit gefälschte Regel[180] wieder geheilt"): *O Christe, patientissime domine, qui tot annis i n t e r v e r s i o n e m praedicationis tuae sustinuisti, donec tibi scilicet Marcion subveniret!* („Oh Christus, geduldigster Herr, der du über so viele Jahre hin die Vereitelung der wahrhaften Verkündigung deines Evangeliums ertragen hast, bis dir – versteht sich – Markion zu Hilfe kam!")[181].

---

178 Siehe zuletzt Klinghardt 35f. 137–139; vgl. Vinzent *Auferstehung* 127ff.

179 Über Tertullians Ironie und Sarkasmus s. Braun V 48 mit Anm. 7.

180 *retro adulteratam* gehört zusammen: das Adverb hat bei Tertullian häufig die Bedeutung „in der Vergangenheit", „früher", „zuvor".

181 Zur inhaltlichen Erläuterung siehe Braun I 190[2] und IV 73 zu 3,2; ferner 76[1].

Literaturverzeichnis

Aberle, D.: Beiträge zur neutestamentlichen Einleitung, Theologische Quartalschrift 46, 1864, 3–47

Annand, R.: Papias and the four Gospels, Scottish Journal of Theology 9, 1956, 46–62

Bacon, B. W.: The Latin Prologues of John, Journal of Biblical Literature 32, 1913, 194–217

——: Marcion, Papias, and ‚The Elders‘, The Journal of Theological Studies 23, 1922, 134–160

——: The anti-marcionite Prologue to John, Journal of Biblical Literature 39, 1930, 43–54

Barthold, Claudia: Hieronymus. *De viris illustribus* (herausgegeben, übersetzt und kommentiert), Mülheim/Mosel 2010 (^{2}2011)

Bihlmeyer, K.: Die Apostolischen Väter, 2. Aufl. mit einem Nachtrag von W. Schneemelcher, Teil I, Tübingen 1956 (s. Lindemann-Paulsen)

Braun, R. [Editor]: Tertullien, *Contre Marcion.* Introduction, Texte critique, Traduction et Notes, I-V, Paris 1990–2004 (SC 365, 368, 399, 456, 483 [IV–V: Texte crit. par C. Moreschini])

de Bruyne, D.: Les plus anciens prologues latins des Évangiles, Revue Bénédictine, 40, 1928 193–214

Burkitt, F. Crawford: Two Lectures on the Gospels, Manchester 1901

Chapman, J.: Notes on the Early History of the Vulgate Gospels, Oxford 1908

Corssen, P.: Monarchianische Prologe zu den vier Evangelien. Ein Beitrag zur Geschichte des Kanons, Leipzig 1896 (Texte und Untersuchungen zur Geschichte der altchristlichen Literatur 15,1)

Dorfbauer, L. J., Der Evangelienkommentar des Bischofs Fortunatian von Aquileia (Mitte 4. Jh.). Ein Neufund auf dem Gebiet der patristischen Literatur, Wiener Studien 126, 2013, 177–198

Eisler, R.: La ponctuation du prologue antimarcionite à L'Evangile selon Jean, Revue de Philologie, de Littérature et d'Histoire Anciennes 4, 1930, 350–371

——: The Enigma of the fourth Gospel, its Author and its Writer, London 1938

Evans, E. (Editor): Tertullianus. Adversus Marcionem, ed. and trans., 2 Bde., Oxford 1972

Funk–Bihlmeyer, s. Lindemann–Paulsen

(von) Harnack, A.: Der marcionitische Ursprung der ältesten Vulgata-Prologe zu den Paulusbriefen, Zeitschrift für die Neutestamentliche Wissenschaft und die Kunde der Älteren Kirche 24, 1925, 204–218

——: Die ältesten Evangelien-Prologe und die Bildung des Neuen Testaments, Sitzungsberichte der Berliner Akademie 1928 [323–341] (= Kleine Schriften zur Alten Kirche, Leipzig 1980, 803–822)

Hill, C. E.: Who chose the Gospels? Oxford 2010

Hübner – Kürzinger: Fragmente zu Papias, herausgegeben von R. M. Hübner, übersetzt von J. Kürzinger, in: J. Kürzinger, Papias von Hierapolis und die Evangelien des Neuen Testaments, Regensburg 1983 (Eichstätter Materialien 4)

Hübner, R. M.: Die Schrift des Apollinarius von Laodicea gegen Photin (Pseudo-Athanasius, Contra Sabellianos) und Basilius von Caesarea (PTS 30), Berlin 1989

Klinghardt, M.: Das älteste Evangelium und die Entstehung der kanonischen Evangelien, 2 Bde., Tübingen 2015

Körtner, U. H. J.: Papias von Hierapolis. Ein Beitrag zur Geschichte des frühen Christentums, Göttingen 1983 (Forschungen zur Religion und Literatur des Alten und Neuen Testaments 133)

Lightfoot, J. B.: Essays on the Work entitled Supernatural Religion, London–New York 1893

Lindemann, A. – Paulsen, H.: Die Apostolischen Väter. Griechisch-deutsche Parallelausgabe (die griech. und lat. Texte nach der Ausgabe von Funk–Bihlmeyer 1924 [Nachdr. 1979])

Lukas, V.: Rhetorik und literarischer ‚Kampf‘: Tertullians Streitschrift gegen Marcion als Paradigma der Selbstvergewisserung der Orthodoxie gegenüber der Häresie, Frankfurt a.M. u. a. 2008

Maier, G.: Die Johannesoffenbarung und die Kirche, Tübingen 1981 (Wissenschaftliche Untersuchungen zum Neuen Testament 25)

Regul, J.: Die antimarcionitischen Evangelienprologe, Freiburg 1969 (Vetus Latina. Aus der Geschichte der lateinischen Bibel 6)

Thomasius, J. M. Card., S. Bibl. veteres tituli (ed. 1688), Opera omnia I, Rom 1747

Vinzent, M.: Marcion and the Dating of the Synoptic Gospels, Leuven 2014 (Studia Patristica, Suppl. 2)

——: Die Auferstehung Christi im frühen Christentum, Freiburg 2014

Wordsworth, J. – White, H. J., Novum Testamentum Domini nostri Jesu Christi Latine secundum editionem sancti Hieronymi, Bd. 1 (Quattuor Evangelia), Oxford 1889–1898

Zahn, Th.: Nachträgliche Bemerkungen zu dem Aufsatz über „Papias von Hierapolis" (Jahrg. 1866, 4. Heft), Theologische Studien und Kritiken 40 (2. Bd.) 1867, 539–542

—: Das Evangelium des Lukas, Leipzig 1913 (Nachdr. der 3. u. 4. durchges. Aufl. Leipzig 1920 [Mit e. Geleitw. von Martin Hengel], Wuppertal 1988

Zwierlein, Otto: Petrus in Rom. Die literarischen Zeugnisse, Berlin 2009 (^{2}2010) [UaLG 96]

—: Petrus und Paulus in Jerusalem und Rom, Berlin 2013 [UaLG 109]

—: Die Urfassungen der Martyria Polycarpi et Pionii und das Corpus Polycarpianum, Berlin 2014 [UaLG 116/1–2]